Nicole Korte

Herbstzauber & Winterträume

Kreative DIYs und wärmende Rezepte
für deine Wohlfühlmomente

CV

Inhalt

Hallo und herzlich willkommen!

Ich freue mich gerade sehr, dass du dieses Buch vor dir hast und ich die Gelegenheit habe, mich dir kurz vorzustellen. Mein Name ist Nicole. Ich bin Mama von fünf Kindern, seit fast 30 Jahren mit meinem Mann Axel verheiratet und lebe mit meiner Familie in einem kleinen, gemütlichen Dorf an der Ostsee in Schleswig-Holstein.

Vielleicht bist du mir auch schon durch mein erstes Buch „Frühlingsduft und Sommerglück“ oder meinen Instagram-Account @meine_landleben_bilder_ begegnet. Dort findest du Inspiration für kreatives Wohnen, Gartenideen, DIY-Projekte, Rezepte und das Landleben an der Ostsee.

Ich bin im Oktober geboren und liebe den Herbst – eine Jahreszeit voller Farben und Gemütlichkeit. Der Herbst bringt auch den Übergang in den Winter und die festliche Weihnachtszeit mit sich – eine Phase, die uns einlädt, das Tempo zu drosseln und uns auf das Wesentliche zu konzentrieren. Gerade in Zeiten von Mental Load – nämlich dem ständigen Sich-kümmern-müssen um Beruf, Kinder, Haushalt, Partnerschaft – und der täglichen Informationsflut ist es oft schwer, zur Ruhe zu kommen. Deshalb findest du in diesem Buch nicht nur köstliche Wohlfühlrezepte und kuschelige Ideen für ein gemütliches Zuhause, sondern auch kleine Inspirationen, die dir helfen, diese Jahreszeiten in vollen Zügen zu genießen.

Dabei geht es nicht darum, alles perfekt zu machen, sondern darum, den Prozess zu genießen und sich selbst eine Freude zu bereiten. Auf diese Weise entsteht eine Atmosphäre, die nicht nur zu einem gemütlichen Wohnstil führt, sondern dir selbst auch Ruhe und Zufriedenheit schenkt.

Ich hoffe, dass du beim Lesen und Nachmachen genauso viel Freude hast, wie ich sie beim Schreiben und Zusammenstellen dieses Buches hatte.

Lass uns gemeinsam die kleinen Freuden des Herbstes und des Winters entdecken und diese besondere Zeit zu einer Zeit der Wärme, des Wohlbefindens und der Gelassenheit machen.

Herzlichst, Nicole

Dein persönlicher Wohlfühlort für die kalte Jahreszeit

Das Lebensgefühl, das ich an der kalten Jahreszeit so liebe und das ich mit diesem Buch vermitteln möchte, ist Entspanntheit, die Freude an den einfachen Dingen und vor allem eine Atmosphäre von Gemütlichkeit, die alle Sinne anspricht. Der Stil ist dabei so individuell wie du selbst.

Dinge wie weiche Decken, flauschige Kissen, kuschelige Felle, Kerzen und stimmungsvolles Licht sorgen schnell und unkompliziert für eine behagliche Stimmung. Doch damit sich deine Räume wirklich wie dein Zuhause anfühlen, sollte alles auch zu dir passen und dein persönliches Gefühl von Geborgenheit widerspiegeln. Denke an die Dinge, die dich glücklich machen: Welche Farben beruhigen dich? Welche Details lösen Freude aus? Auch die richtige Temperatur, bei der du dich wohlfühlst, spielt eine Rolle. Denn Gemütlichkeit ist nicht nur das, was du siehst, sondern auch, wie es sich anfühlt. Dazu gehören auch Gerüche und Geschmacksrichtungen, die du liebst. Das kann der Duft von frisch gebackenem Apfelkuchen oder einer heißen Tasse Kakao sein, der dein Zuhause noch heimeliger macht. Einfache Rezepte, die du gern zubereitest, tragen dazu bei, dass du dich rundum wohlfühlst.

Dein Ort der Geborgenheit entsteht, wenn du deine Vorlieben mit praktischen Elementen kombinierst. Egal, ob es der Sessel am Fenster, das Lieblingsbuch auf dem Tisch oder warmer Kerzenschein ist – gestalte dein Zuhause so, dass es für dich zur Oase wird.

In diesem Buch habe ich vieles zusammengetragen, was für mich Gemütlichkeit ausmacht. Vielleicht kann ich dich mit dem einen oder anderen inspirieren, dein eigenes Zuhause so zu gestalten, dass du dich gern in die rauen Herbstwinde und die eisige Winterkälte hinauswagst und dich dann jedes Mal wieder auf dein behagliches Zuhause freust.

HERBST-ZAUBER

Jahreszeit voller Farben und Gemütlichkeit

*Der Herbst ist die Zeit,
in der die Natur ihre
Wärme nicht verliert,
sondern sie in goldene
Farben verwandelt.*

Herbstschönheiten

Mit dem Herbst beginnt die gemütliche Jahreszeit. Die Tage werden kürzer, die Temperaturen fallen. Manch einer tut sich schwer mit dem Abschied vom warmen, hellen Sommer, doch wenn man sich auf die ruhige Atmosphäre, die warmen Farben und die gemütlichen Aspekte der Jahreszeit einlässt, birgt der Herbst seine ganz eigene Schönheit.

Zu keiner anderen Jahreszeit wird die Landschaft in ein so schönes, goldenes Licht getaucht wie im Herbst! Und nur im Herbst kann man sich an manchen Tagen mittags noch im warmen Sommer wähnen, während die Kälte am Abend und in der Nacht schon ein Vorbote des Winters ist. Mir fällt aber noch viel mehr ein, warum ich den Herbst so gern habe … Ich liebe die Apfelernte und die zahlreichen anderen Kostbarkeiten der Natur, die nur darauf warten, geerntet und zu köstlichen Gerichten verarbeitet zu werden. Ich liebe Streifzüge durch die Natur auf der Suche nach Naturmaterialien, durch die ich inspiriert werde, stimmungsvolle Dekoration zu kreieren. Nach Spaziergängen in der Dämmerung weiß ich dann mein liebevoll eingerichtetes Zuhause ganz besonders zu schätzen. Vor allem an regnerischen und düsteren Herbsttagen nehme ich mir ganz bewusst die Zeit, es mir mit meinen Lieben ganz ohne schlechtes Gewissen drinnen gemütlich machen.

Liebevolles Zuhause

Gerade die warmen Farben des Herbstes bieten sich zusammen mit neutraleren Naturtönen dazu an, auch in deinen vier Wänden damit zu dekorieren und fröhliche Akzente zu setzen. Wenn du dann auch weiche Decken und kuschelige Kissen auf Sofa und Sesseln verteilst, wird es schön gemütlich. Überhaupt sind weiche Textilien eine wunderbare Möglichkeit, eine Atmosphäre von Ruhe und Behaglichkeit zu schaffen. Diese einfachen Dinge und kleinen Veränderungen bringen nicht nur Wärme in dein Zuhause, sondern laden auch dazu ein, zur Ruhe zu kommen und sich auf dem Sofa einzukuscheln, während es draußen vielleicht nass und kalt ist.

Warme, positive Farben und Düfte sowie liebevolle Details sind entscheidend für eine Atmosphäre der Entspannung und Freude. Denke an einen frisch gebrühten Tee oder das sanfte Licht einer Kerze, das eine einladende Stimmung erzeugt.

Natürliche Elemente wie Kürbisse, Kastanien, Hagebutten, kleine Äpfel und Herbstblumen holen den Herbst direkt in deine Räume. Sie bringen nicht nur die Farben der Saison mit, sondern auch ein Gefühl von Verbundenheit zur Natur.

Gerade in der dunklen Jahreszeit ist es besonders wichtig, einen Ort der Ruhe und Geborgenheit zu haben. Ein liebevoll gestaltetes Zuhause wird zu deinem Rückzugsort, an dem du Kraft tanken und entspannen kannst. Lass dich von diesen Ideen inspirieren, um einen stimmungsvollen Raum für die Jahreszeit zu schaffen!

Bunter Herbstkranz

Das Gestalten von Kränzen ist eine wunderbare Form der Entspannung und zugleich eine schöne Möglichkeit, deine Kreativität auszuleben. Während du mit Blüten, Blättern und Früchten der Saison gestaltest, kannst du deinen Gedanken freien Lauf lassen. Der kreative Prozess wirkt dabei wohltuend und hilft dir, innerlich zur Ruhe zu kommen. Und weißt du, was das Schönste daran ist? Du erschaffst nicht nur liebevolle Dekorationen, sondern auch kostbare Momente der Freude – vor allem für dich selbst, denn du schenkst dir wertvolle Zeit.

MATERIAL

1 Nasssteckring
1 Kerze
Zahnstocher
kleine Äpfel (Zieräpfel, rote Äpfel, grüne Äpfel – je nach Geschmack)
kleine Sukkulenten
Blockkerze
optional Moos
optional dünner Blumendraht oder starkes Garn
Schere

SO GEHT'S

Den Nasssteckring in Wasser tauchen, bis er vollständig durchtränkt ist.

Falls gewünscht, kann man den Steckring mit Moos umwickeln und dies mit dünnem Blumendraht oder starkem Garn befestigen. Ich habe mich hier dafür entschieden, den Rohling sehr dicht zu bestecken, sodass ich auf das Moos verzichten konnte.

Die kleinen Äpfelchen auf Zahnstocher stecken und dann gleichmäßig in den Steckring stecken. Falls die Zahnstocher zu lang sind, mit der Schere kürzen oder einfach abbrechen.

Die kleinen Sukkulenten ebenfalls auf Zahnstocher stecken und dann in die Zwischenräume zwischen den Äpfeln setzen. Das bringt zusätzliche Struktur und Farbe in den Kranz.

Zum Abschluss eine Kerze in die Mitte des Kranzes stellen.

Rund um den Apfel

Herbsttage sind goldene Erinnerungen –
warm, sanft und voller Duft von Äpfeln und Zimt.

Veganer Apfelkuchen

Es gibt nichts Schöneres, als an einem kühlen Herbsttag einen warmen Apfelkuchen aus dem Ofen zu holen. Die Kombination aus saftigen Äpfeln und den knusprigen Streuseln ist einfach Geborgenheit pur und perfekt für einen Nachmittagsplausch mit Familie und Freunden. Mit diesen einfachen Zutaten und einer Prise Liebe zauberst du schnell einen Seelenwärmer, der auch noch ganz ohne tierische Produkte auskommt.

ZUTATEN

Für 1 Kuchen

Tarte-Form, Ø 30 cm

Für die Streusel
150 g Mehl
50 g brauner Zucker
1 Päckchen Vanillezucker
1 TL Zimt
100 g vegane Butter

Für den Boden
250 g Mehl
50 g brauner Zucker
1 Päckchen Vanillezucker
1 TL Backpulver
1 Prise Salz
150 g vegane Butter

Für den Belag
3 – 4 Äpfel

Zum Bestäuben
½ TL Zimt
2 TL Puderzucker

ZUBEREITUNG

Für den Streuselteig Mehl, Zucker, Vanillezucker und Zimt in einer Schüssel vermischen. Die vegane Butter hinzufügen und alles mit den Händen zu einem krümeligen Streuselteig verkneten. In den Kühlschrank stellen.

Für den Boden Mehl, Zucker, Vanillezucker, Backpulver und Salz in einer großen Schüssel vermischen. Die vegane Butter hinzufügen und alles zu einem geschmeidigen Teig verkneten.

Den Backofen auf 200 °C Ober- und Unterhitze vorheizen.

Die Tarte-Form gut einfetten. Dann den Teig mit den Händen in die Form drücken und einen Rand formen. Dabei darauf achten, dass der Teig überall etwa gleich dick ist.

Für den Belag die Äpfel schälen und in dünne Spalten schneiden. Dann dicht an dicht auf den Teigboden legen.

Zum Schluss den Streuselteig aus dem Kühlschrank nehmen, mit den Händen zerkrümeln und über den Äpfeln verteilen.

Den Apfelkuchen in den Backofen geben und etwa 45 Minuten lang backen, bis die Streusel goldbraun sind.

Aus dem Ofen nehmen und etwas abkühlen lassen. Zimt und Puderzucker vermischen und über den Kuchen sieben. Am besten schmeckt der Apfelkuchen, wenn er noch lauwarm serviert wird!

Tipp: Statt die Streusel ganz klassisch auf dem Kuchen zu verteilen, kann man den Streuselteig auch ausrollen und mit herbstlichen Förmchen ausstechen. Das sieht besonders hübsch aus und passt perfekt zur Jahreszeit.

Apfel-Zimt-Küchlein

Apfel-Zimt-Küchlein sind bei uns heiß begehrt. Zum einen, weil sie super praktisch in der Herstellung und bei der Aufbewahrung sind, und zum anderen, weil sie einfach zum Naschen einladen. Diese kleinen Leckerbissen entfalten beim Backen ein unwiderstehliches Aroma, das an kühlen Herbsttagen besonders einladend wirkt. Zudem sind sie ein perfekter Begleiter für kuschelige Nachmittage, ob allein mit einer Tasse Tee oder zum Teilen mit lieben Menschen – jeder Bissen bringt Wärme und Freude in dein Zuhause.

ZUTATEN

Für ca. 12 Stück

Mini-Gugelhupf-Formen aus Silikon
250 g weiche Butter
100 g brauner Zucker
100 ml Ahornsirup
4 Eier
370 g Mehl
1,5 TL Backpulver
2 TL Zimt
6 Äpfel
150 g weißer Zucker
1 EL Zimt

ZUBEREITUNG

Den Backofen auf 180 °C Ober- und Unterhitze vorheizen und die Silikonförmchen gründlich einfetten.

Die Butter, den braunen Zucker und den Ahornsirup in eine Schüssel geben und cremig rühren.

Die Eier nach und nach unterrühren.

Mehl, Backpulver und Zimt in einer weiteren Schüssel mischen und zur Buttermasse geben. Alles zu einem glatten Teig verrühren.

Die Äpfel schälen und raspeln und dann vorsichtig unter den Teig heben.

Dann den Teig in die vorbereiteten Förmchen füllen und 20 – 25 Minuten lang backen, bis die Küchlein goldbraun sind.

Abschließend aus dem Ofen nehmen, die Küchlein sofort aus den Förmchen lösen und noch warm in der Zucker-Zimt-Mischung wälzen.

Herbstliche Apfeltorte

Diese Apfeltorte ist in unserer Familie ein „Muss“ im Herbst und wird immer mit den ersten Äpfeln unserer eigenen Ernte gebacken. Die Apfelernte ist bei uns ein ganz besonders schöner Tag! Dann kommt die Familie zusammen, um gemeinsam Äpfel aus dem Garten zu pflücken. Zwischendurch nehme ich mir Zeit, um den Kaffeetisch hübsch zu decken. Mit einer Leinentischdecke, die einen Hauch von ländlichem Charme mit sich bringt, schlichtem Geschirr, Kerzen sowie jeder Menge Äpfeln und Apfelzweigen aus dem Garten ist eine schöne Tischdekoration schnell gemacht.

ZUTATEN

Für 1 Kuchen

Für den Teig
200 g Mehl
50 g Butter (weich)
50 g Zucker
1 Ei
1 TL Backpulver
1 Päckchen Vanillezucker
2 EL Schmand

Für die Füllung
2 Päckchen Vanillepuddingpulver
750 ml Apfelsaft
100 g Zucker
1 kg säuerliche Apfel (z. B. Boskop)
TL Zimt

Für den Belag
400 ml Sahne
1 Päckchen Vanillezucker
½ TL Zimt

Zusätzlich
Springform, Ø 25 cm
Butter für die Form und Zimt zum Bestäuben

ZUBEREITUNG

Für den Teig das Mehl, die Butter, den Zucker, das Ei, das Backpulver, den Vanillezucker und den Schmand zu einem glatten Teig verkneten.

Dann die Springform gründlich einfetten. Den Teig in die Form drücken und einen Rand formen.

Für die Füllung den Pudding kochen: Dazu das Vanillepuddingpulver mit 100 ml Apfelsaft glattrühren. Den restlichen Apfelsaft mit dem Zucker aufkochen. Das angerührte Puddingpulver hinzugeben und alles unter Rühren aufkochen lassen, bis die Masse eindickt.

Den Backofen auf 180 °C Umluft vorheizen. Dann die Äpfel schälen, entkernen und in kleine Würfel schneiden. Auf dem Teig gleichmäßig verteilen und mit 1 TL Zimt bestäuben.

Den vorbereiteten Vanillepudding über die Äpfel geben und glattstreichen.

Die Torte in den Backofen geben und etwa 45 Minuten lang backen, bis der Teig goldbraun ist. Aus dem Ofen nehmen und abkühlen lassen. Dann vorsichtig aus der Form nehmen.

Die Sahne mit Vanillezucker und ½ TL Zimt steif schlagen. Gleichmäßig auf die Torte streichen und zum Schluss mit etwas Zimt bestäuben.

Deko-Tipp

Hübsches Kerzenlicht ist schnell gemacht: Ich habe bei einigen Äpfeln das Kerngehäuse entfernt und stattdessen etwas Steckschaum hineingesetzt. Dann eine kleine Kerze und ein paar Blümchen hineingedrückt – fertig ist die stimmungsvolle Dekoration. Andere Kerzen habe ich einfach in Weckgläser gestellt und mit Äpfeln sowie Hortensien geschmückt.

Ganz entspannt!

Natürlich decke ich nicht jedes Mal den Tisch aufwendig mit Deko, Tischdecke und Kerzen. Und ja, manchmal stelle ich auch einfach die Verpackungen von Keksen und Kuchen auf den Tisch und belasse es dabei – gerade, wenn es schnell gehen muss. Aber hin und wieder, auch im Alltag, lohnt es sich, ein bisschen Mühe zu investieren. So oft wie möglich versuche ich, uns den Moment schön zu gestalten.

Es geht dabei nicht um Perfektion, sondern darum, kleine, bewusste Momente zu schaffen, die den Alltag aufwerten. Ein liebevoll gedeckter Tisch kann selbst eine einfache Mahlzeit in etwas Besonderes verwandeln.

Apfelringe mit Schokolade

Selbstgemachte Apfelringe sind eine köstliche Möglichkeit, Äpfel zu verarbeiten. Sie passen ins Müsli, sind ein perfekter Snack für zwischendurch oder werden mit Schokolade überzogen zum süßen Highlight. Sie schmecken wunderbar und sehen dabei auch noch sehr hübsch aus!

ZUBEREITUNG

Das Kerngehäuse der Äpfel entfernen und die Äpfel in dünne Scheiben von ungefähr 0,5 cm schneiden.

Den Backofen auf 80 °C vorheizen. Die Apfelscheiben auf ein Backblech legen und ca. 4 Stunden lang trocknen lassen. Damit die Feuchtigkeit entweichen kann, einen Holzlöffel in die Ofentür klemmen.

Die getrockneten Apfelringe abkühlen lassen. Währenddessen die Schokolade im Wasserbad schmelzen.

Die Apfelringe in die geschmolzene Schokolade tauchen, leicht abtropfen und auf einem Gitter oder Backpapier trocknen lassen.

ZUTATEN

Äpfel
Schokolade nach Wahl

Herbstliche Tisch-dekorationen und Gerichte

Herbstliche Tischdekoration und duftende Gerichte bringen Wärme und Geborgenheit in dein Zuhause – ein Fest für die Sinne und die Seele.

Feigen-Dip

Wenn die Tage kürzer werden und die Abende gemütlicher, ist die perfekte Zeit für kleine Genussmomente gekommen. Ein cremiger Feigen-Dip mit frischem Brot ist eine wunderbare, schnelle Leckerei – perfekt für entspannte Abende oder eine kleine Auszeit zwischendurch. Die süß-fruchtigen Feigen verleihen dem Dip eine besondere Note, die wunderbar mit herzhaften Beilagen harmoniert.

ZUTATEN

Für ca. 2 Portionen

200 g Frischkäse
50 g Pistazien, geröstet & gesalzen
3 getrocknete Feigen
½ kleine Zwiebel
1 – 2 frische Feigen und gehackte Pistazien als Topping

ZUBEREITUNG

Die Pistazien aus der Schale lösen und im Mixer fein hacken. Natürlich kann man auch gleich geschälte Pistazien kaufen, aber die mit Schale sind günstiger, und man kann beim Schälen so schön naschen …

Die getrockneten Feigen klein hacken und die halbe kleine Zwiebel in sehr feine Würfel schneiden.

Den Frischkäse in eine Schüssel geben. Zwiebelwürfel, gehackte Pistazien und Feigen mit einer Gabel unterrühren.

Den Dip bis zum Servieren kühl stellen. Falls er zu fest geworden ist, kann man etwas Sahne unterrühren.

Noch ein paar Pistazien klein hacken, die frische Feige halbieren und beides als dekoratives Topping auf dem Dip arrangieren.

Deko-Tipp

Für eine herbstliche Stimmung sorgen kleine, einfache Lichtquellen. Mit wenigen Handgriffen kannst du ein stimmungsvolles Herbstlicht zaubern:
Dazu ein Gummiband um den Hals eines Einmachglases spannen und einige kleine Hagebutten unter das Gummi klemmen. Ein Juteband um das Gummiband wickeln und so das Gummi verdecken. Zum Schluss eine Kerze in das Glas stellen und noch ein paar Hagebutten hineingeben – fertig ist dein herbstliches Licht!

Mini-Kürbisdeko

Diese originellen Deko-Kürbisse sind aus naturfarbener Kordel gemacht und bringen sofort ein Stück Herbstzauber in dein Zuhause. Sie sind ein echter Hingucker auf dem Tisch – und ganz schnell selbst gemacht! Ob als Platz-Deko für das nächste Familienessen oder als stimmungsvolle Ergänzung zu deiner herbstlichen Dekoration, sie sorgen für eine einladende Atmosphäre.

MATERIAL

Für 1 Deko-Kürbis

Juteband oder Kordel
Kochlöffel
durchsichtiges Klebeband
kleiner Zweig und Blättchen

SO GEHT'S

Ein Stück Juteband etwa 2 cm länger als der Kochlöffelstiel abschneiden und mit durchsichtigem Klebeband an beiden Enden des Stiels befestigen. Dabei jeweils 1 cm Band überstehen lassen.

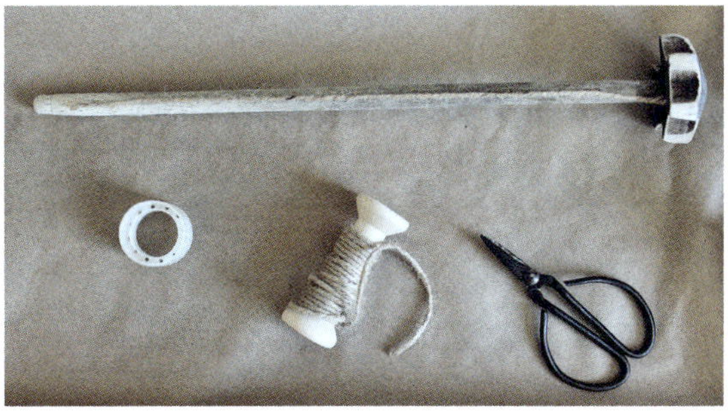

Wickle nun das Juteband direkt von der Rolle von oben nach unten um den Kochlöffelstiel. Halte dabei den Anfang mit dem Daumen fest, damit es sich nicht gleich wieder abrollt. Lasse auch hier etwa 1 cm überstehen, damit du das Band später zusammenknoten kannst.

Oben angekommen das Band abschneiden und mit dem Anfang, den du mit dem Daumen festgehalten hast, verknoten. Nach dem Knoten die überstehenden Enden sauber abschneiden.

Jetzt das Klebeband abziehen und die entstandene Kordelrolle vorsichtig vom Stiel abziehen. Achte darauf, beim Abziehen von der Rolle die Enden des innenliegenden Jutebandes zu greifen.

Dann die Rolle mit dem innenliegenden Juteband straff zusammenbinden, sodass die typische Kürbisform entsteht. Die Enden fest verknoten und im Inneren des Kürbisses verstecken.

Zum Schluss ein kleines Ästchen und ein Blättchen in die obere Öffnung stecken – fertig ist dein Mini-Kürbis!

Focaccia mit Birnen, Walnüssen und Parmesan

Diese Focaccia mit Birnen, Walnüssen und Parmesan ist die perfekte Kombination von herzhaft und süß. Der weiche Teig wird durch die Birnen und Walnüsse wunderbar aufgepeppt, und der Parmesan sorgt für einen zusätzlichen Geschmackskick. Genieße sie am besten noch warm – so kommt ihr Geschmack besonders gut zur Geltung!

ZUTATEN

Für 5 Focaccias

Für den Teig
500 g Dinkelmehl
1 Päckchen Trockenhefe (7 g)
2 TL grobkörniges Salz
45 ml Olivenöl
250 ml warmes Wasser

Für den Belag
1 Becher Schmand
3 – 4 kleine reife Birnen
ca. 50 g Parmesan
5 – 7 Walnusskerne
optional zusätzlicher Parmesan und Walnüsse zum Garnieren

Tipp: Die Focaccia schmeckt besonders saftig, wenn du vor dem Servieren noch ein wenig Olivenöl darüberträufelst.

ZUBEREITUNG

Für den Teig zunächst die Hefe aktivieren: Dazu das warme Wasser in eine Schüssel geben, die Trockenhefe hinzufügen und kurz verrühren. 5 – 10 Minuten lang stehen lassen, bis die Mischung schäumt.

Dann das Dinkelmehl, das Salz und das Olivenöl zur Hefe-Wasser-Mischung geben und alles zu einem geschmeidigen Teig kneten. Bei Bedarf mehr Mehl oder Wasser hinzufügen, um die richtige Konsistenz zu erreichen.

Den Teig mit einem sauberen Geschirrtuch abdecken und an einem warmen Ort mindestens 1 Stunde lang gehen lassen, bis er sich deutlich vergrößert hat.

Nach der Gehzeit den Teig erneut durchkneten, in 5 gleich große Stücke teilen und mit den Fingern zu länglichen Focaccia-Formen ausziehen.

Mit den Fingern leichte Mulden in den Teig drücken. Dann für den Belag den Schmand cremig rühren und auf den vorbereiteten Teigstücken verteilen.

Die Birnen entkernen, aber die Schale dranlassen, in dünne Spalten schneiden und auf die Focaccia legen. Pro Focaccia 1 – 2 Walnusskerne zerbröseln und über die Birnen streuen.

Zum Schluss den Parmesan in dünne Scheiben hobeln oder grob geraspelt auf die Focaccia streuen (ca. 10 g pro Stück).

Den Backofen auf 200 °C Umluft vorheizen und die Focaccias etwa 20 Minuten lang backen, bis der Teig goldbraun und knusprig ist.

Zum Servieren nach Belieben mit extra Parmesan und zerbröselten Walnüssen garnieren.

Kürbissuppe

Der Herbst bringt mit seinen warmen Farben und der Gemütlichkeit die perfekte Stimmung für entspannte Stunden zu Hause. Der Duft einer frischen Kürbissuppe, verfeinert mit Kürbiskernöl und Sahne, sorgt für ein rundum wohltuendes Gefühl. Dazu passen perfekt Brötchen-„Konfekt" und eine stimmungsvolle Dekoration mit Kerzen, Zweigen und Blättern – ein wunderschönes Herbst-Setting, das zum Verweilen und Genießen einlädt. Nichts ist schöner, als sich in dieser Jahreszeit mit einem warmen Gericht und der passenden Atmosphäre verwöhnen zu lassen!

ZUTATEN

Für ca. 4 Portionen

1 Hokkaido-Kürbis, ca. 1 kg
1 Süßkartoffel, ca. 350 g
3 EL Olivenöl
1 kleine Gemüsezwiebel
1 Knoblauchzehe
1 großes Stück Ingwer
1 Dose Kokosmilch (400 ml)
500 ml Gemüsebrühe
½ TL Paprikapulver süßlich
1 Prise Kurkuma
Salz und Pfeffer nach Geschmack
1 EL Olivenöl zum Anbraten

optionale Toppings
Sahne oder vegane Sahne
ein kleiner Schuss Kürbiskernöl
geröstete Kürbiskerne
frische Kresse
essbare Blüten

ZUBEREITUNG

Zunächst den Hokkaido-Kürbis gründlich waschen, entkernen und ungenießbare Teile entfernen. Die Süßkartoffel schälen und mehrmals mit einer Gabel einstechen. Den Kürbis in Spalten schneiden, die Süßkartoffel vierteln. Den Backofen auf 200 °C Umluft vorheizen.

Die Kürbis- und die Süßkartoffelstücke in eine verschließbare Schüssel geben, mit 3 EL Olivenöl beträufeln, verschließen und kräftig schwenken, bis alles gut mit Öl bedeckt ist. Das marinierte Gemüse auf ein mit Backpapier ausgelegtes Backblech legen und ca. 40 Minuten lang backen, bis es weich ist.

1 EL Olivenöl in einem großen Topf erhitzen. Die Zwiebel würfeln und etwa 2 Minuten lang im Öl andünsten. Den Knoblauch und den Ingwer fein hacken, hinzufügen und kurz mitdünsten.

Die weichen Kürbis- und Süßkartoffelstücke zur Zwiebel-Knoblauch-Ingwer-Mischung geben. Alles ca. 3 Minuten lang anbraten, damit sich die Aromen verbinden. Das Paprika- und das Kurkumapulver hinzufügen und weitere 2 Minuten anbraten.

Mit Gemüsebrühe und Kokosmilch aufgießen, aufkochen lassen und dann bei reduzierter Hitze 10 Minuten lang köcheln lassen. Anschließend die Suppe mit einem Stabmixer fein pürieren. Falls sie zu dick ist, noch etwas Gemüsebrühe hinzufügen. Mit Salz und Pfeffer abschmecken.

Die Suppe auf Tellern anrichten und nach Belieben mit einem Schuss Sahne, etwas Kürbiskernöl, gerösteten Kürbiskernen, frischer Kresse oder essbaren Blüten garnieren.

Kürbis-Bagel

Wusstest du, dass Kürbisse und Kürbiskerne nicht nur unglaublich lecker, sondern auch gut für dein Wohlbefinden sind? Und das Beste daran: Sie sind so vielseitig einsetzbar! Ob in süßen oder herzhaften Gerichten – Kürbis lässt sich wunderbar kombinieren.

Ich mache aus meinem Kürbis gerne Kürbismus, das sich super einfrieren und nach Belieben verwenden lässt. Ich gebe es oft in meine Rezepte, zum Beispiel in den Brotteig – das verleiht ihm eine ganz besondere, herbstliche Note. Auch im Kuchenteig schmeckt es fantastisch. Aber besonders lecker wird es in meinen Kürbis-Bagels. Das Mus sorgt für eine herzhafte, würzige Note, die diese Bagels einfach unwiderstehlich macht.

Ein charakteristisches Merkmal der Bagels ist die Kochmethode. Bevor sie gebacken werden, werden die Bagels kurz in kochendes Wasser getaucht, was ihnen eine einzigartige Konsistenz verleiht – außen knusprig und innen wunderbar weich.

Du kannst die Bagels sowohl süß als auch herzhaft belegen – perfekt für jedes Bedürfnis und jede Stimmung. So einfach, so vielseitig, so gemütlich! Probiere es doch mal aus und bringe ein Stück Herbst in dein Zuhause.

ZUTATEN

Für 8 Bagel

500 g Dinkelmehl Typ 630
1 Päckchen Trockenhefe
2 EL Zucker
2 TL Salz
100 ml Pflanzenmilch
2 EL Sonnenblumenöl
100 g Kürbismus (lauwarm)
70 ml Wasser (lauwarm)

Für das Topping
1 verquirltes Ei zum Bestreichen
Körner deiner Wahl (z. B. Kürbiskerne)

ZUBEREITUNG

Zunächst alle Zutaten zu einem geschmeidigen Teig verkneten. Dabei darauf achten, dass das Wasser wirklich nur lauwarm ist! Den Teig zugedeckt eine Stunde lang ruhen lassen.

Danach den Teig einmal durchkneten und in acht Portionen teilen. Kugeln formen, flachdrücken und ein Loch von etwa 3 cm Durchmesser in die Mitte drücken.

Die Teiglinge 30 Minuten lang gehen lassen. Dann den Backofen auf 180 °Grad Umluft vorheizen.

In einem großen Topf Wasser zum Simmern bringen und die Teiglinge dann nacheinander für jeweils 30 Sekunden eintauchen. Mit einem Schaumlöffel vorsichtig auf ein mit Backpapier ausgelegtes Blech legen.

Die Teiglinge mit dem verquirlten Ei bestreichen und mit Körnern deiner Wahl garnieren. Ich empfehle Kürbiskerne – sie passen hervorragend zu den Kürbis-Bagels! Etwa 20 Minuten lang goldbraun backen.

Herbstlicher Kichererbseneintopf

Wenn die Tage kürzer und die Abende kühler werden, wärmt ein leckerer Eintopf nicht nur den Körper, sondern auch die Seele. Unser Lieblings-Herbsteintopf macht satt, ist vollgepackt mit guten Nährstoffen und außerdem vegan, sodass sich alle in der Familie darauf freuen, wenn sie nach einem langen Tag nach Hause kommen. Dieser Eintopf ist mein persönliches Wohlfühlessen. Es ist leicht zubereitet und damit auch ein praktisches Rezept für viele Personen. Es tut einfach gut, und ist deshalb eines meiner meistgekochten Rezepte!

ZUTATEN

Für etwa 4 – 5 Portionen

6 Äpfel
500 g Kartoffeln
3 Gläser (bzw. Dosen) gekochte Kichererbsen (Abtropfgewicht je 330 g)
10 getrocknete Pflaumen
1 EL Kokosöl
2 kleine Zwiebeln
1 große Knoblauchzehe
5 cm Ingwer
2 EL Tomatenmark
3 EL Apfelessig
3 TL Senfkörner
1 TL Kreuzkümmel (gemahlen)
2 TL Currypulver
1 TL Kurkuma
1,8 l Gemüsebrühe
1 Dose stückige Tomaten
Saft von ½ Zitrone
Salz und Pfeffer nach Geschmack
frische Kräuter, z. B. Petersilie

ZUBEREITUNG

Die Äpfel schälen, entkernen und in Würfel schneiden. Die Kartoffeln schälen und ebenfalls in Würfel schneiden.

Die Zwiebeln und den Knoblauch schälen und fein hacken. Den Ingwer schälen und fein reiben. Die Pflaumen grob hacken.

Kichererbsen in ein Sieb geben, gut abspülen und abtropfen lassen.

Das Kokosöl in einem großen Topf erhitzen und die Zwiebeln zusammen mit dem Knoblauch und dem Ingwer darin anbraten, bis sie weich sind.

Die Senfkörner, den Kreuzkümmel, das Currypulver und das Kurkuma hinzufügen und kurz mit anrösten.

Das Tomatenmark dazugeben und ebenfalls kurz anrösten, um den Geschmack zu intensivieren.

Die gewürfelten Kartoffeln in den Topf geben und mit der Gemüsebrühe ablöschen.

Den Eintopf zum Kochen bringen und die Kartoffeln 10 – 15 Minuten köcheln lassen, bis sie leicht weich werden.

Nun die gewürfelten Äpfel, die Kichererbsen, die stückige Tomaten und die Pflaumen in den Topf geben.

Alles gut umrühren und zugedeckt für etwa 20 – 25 Minuten köcheln lassen, bis die Kartoffeln und Äpfel weich sind.

Zum Verfeinern den Zitronensaft einrühren und den Eintopf mit Salz unf Pfeffer abschmecken. Zum Schluss frische Kräuter, z. B. Petersilie, fein hacken und kurz vor dem Servieren unterrühren.

Zwiebelsuppe

Diese herbstliche Zwiebelsuppe bringt rustikales Flair auf den Tisch. Dabei besticht sie nicht nur durch ihren fantastischen Geschmack, sondern auch durch ihre einfache Zubereitung mit wenigen, aber köstlichen Zutaten. Wärmend und herzhaft ist diese Suppe perfekt für kalte Tage, an denen man sich nach etwas Besonderem sehnt.

ZUTATEN

Für 4 Portionen

2 große Gemüsezwiebeln, alternativ mehrere kleinere (insges. ca. 800 g)
1 Knoblauchzehe
80 g Butter
30 g helles Mehl
250 ml halbtrockener Sekt
1,5 l Gemüsebrühe
2 Lorbeerblätter
3 Stiele Thymian
120 g Gruyère-Käse
8 Scheiben Baguette (gerne vom Vortag)
1,5 EL Weißweinessig
Salz und gemahlener Pfeffer

ZUBEREITUNG

Zuerst die Zwiebeln und den Knoblauch schälen. Die Zwiebeln in feine Streifen schneiden und den Knoblauch fein hacken.

Die Butter in einem großen Topf zerlassen. Dann die Zwiebelstreifen hineingeben und bei mittlerer Hitze ca. 10 Minuten lang anschwitzen. Den Knoblauch hinzufügen.

Das Mehl über die Zwiebeln und den Knoblauch sieben und 2 – 3 Minuten lang anschwitzen.

Mit dem Sekt ablöschen und alles kurz einkochen lassen. Dann die Gemüsebrühe einrühren und aufkochen lassen.

Die Lorbeerblätter und den Thymian zugeben. Bei niedriger Hitze etwa 1 Stunde lang köcheln lassen.

Den Backofen auf 220 °C Ober- und Unterhitze vorheizen. Die Baguettescheiben im Toaster rösten, dann mit Butter bestreichen.

Die Suppe durch ein feines Sieb gießen und mit Salz, Pfeffer und Weißweinessig abschmecken.

Auf vier feuerfeste Schalen verteilen und pro Portion 3 EL der Zwiebeln wieder in die Suppe geben.

Jeweils 2 Baguettescheiben auf die Suppe in jeder Schale legen und mit geriebenem Gruyère bestreuen.

In den Ofen stellen und überbacken, bis der Käse goldbraun ist. Heiß servieren!

Seelenwärmer im Topf: Wirsing und Grünkohl

Die kalte Jahreszeit ruft geradezu nach einem wärmenden Wirsing-Grünkohl-Eintopf, denn dieses wärmende Gericht ist wie eine Umarmung von innen. Immer, wenn ich ihn koche, ziehen die köstlichen Aromen von der Küche durch das ganze Haus. Ich verbinde diesen Duft mit Geborgenheit, Wohlbefinden und Wärme. Während der Eintopf sanft vor sich hin köchelt, machen wir es uns gern mit einem Glas Wein gemütlich – eine wunderbare Gelegenheit, um den Alltag hinter uns zu lassen und entspannte Gespräche zu führen.

ZUTATEN

Für 4 Portionen

2 kleine Zwiebeln
1 kleiner Wirsingkopf (ca. 300 g)
100 g frischer Grünkohl
600 g Kartoffeln
4 Karotten
2,5 Liter Gemüsebrühe
3 EL Öl (zum Anbraten)
Salz und Pfeffer nach Geschmack
optional 4 Kohlwürstchen (z. B. Mettenden oder Kohlwurst), in Scheiben geschnitten
optional frische Kräuter, z. B. Petersilie, Thymian, Majoran

ZUBEREITUNG

Die Zwiebeln schälen und grob würfeln.

Den Wirsing waschen, den Strunk entfernen und die Blätter in Streifen schneiden. Den Grünkohl waschen, die Stiele entfernen und die Blätter grob zerkleinern.

Die Kartoffeln schälen und in Würfel schneiden. Die Karotten schälen und in Scheiben oder kleine Stücke schneiden.

In einem großen Topf das Öl erhitzen und die Zwiebeln darin anbraten, bis sie weich sind. Die Kartoffeln und die Karotten hinzufügen und kurz mit anbraten.

Die Gemüsebrühe dazugießen, alles zum Kochen bringen und bei mittlerer Hitze 10 – 15 Minuten lang köcheln lassen, bis die Kartoffeln fast weich sind.

Den Wirsing und den Grünkohl hinzufügen, alles gut umrühren und den Eintopf weitere 10 – 15 Minuten lang köcheln lassen, bis das Gemüse gar ist.

Etwa fünf Minuten vor Ende der Garzeit die Kohlwürstchen in Scheiben schneiden und hinzufügen. Dann noch fünf Minuten durchköcheln lassen, bis die Wurst durchwärmt ist. Wer es fleischlos mag, lässt die Kohlwurst weg.

Zum Schluss den Eintopf mit Salz und Pfeffer abschmecken und nach Wunsch mit frischen Kräutern garnieren.

Jetzt wird es gemütlich!

„Der November lehrt uns, die Schönheit im Rückzug zu finden – im Nebel, im Kerzenschein, in uns selbst."

Sophie Langford

Ofenanzünder

Die Herbsttage beginnen oft sonnig und mild, mit goldgelbem Licht und frischer Luft. Doch sobald die Sonne untergeht, wird es spürbar kühler, und der Abend bringt die Vorboten des nahenden Winters. Dann ist es Zeit, den Ofen anzumachen und die wohlige Wärme zu genießen, während draußen Dunkelheit und Kälte Einzug halten.

Mit Tannenzapfen, die du im Wald gesammelt und getrocknet hast, kannst du wunderbar deine eigenen Ofenanzünder herstellen. Das Wachs, das ich benutze, stammt vom Imker und eignet sich perfekt für natürliche Anzünder. Du kannst aber auch alte Kerzenreste verwenden. Die Tannenzapfen-Wachs-Anzünder brennen gut und schnell und sorgen für eine gemütliche Wärme an kühlen Herbst- und Winterabenden.

MATERIAL

Für 10 Anzünder

10er-Eierkarton
ca. 30 kleine Lärchen- oder Kieferzapfen
100 g Wachsreste (z. B. von alten Kerzen) bzw. geklärtes Wachs vom Imker
Zeitungspapier oder Backpapier (als Unterlage)
kleine leere Konservendose

SO GEHT'S

Den Deckel vom Eierkarton abschneiden, es werden nur die Vertiefungen gebraucht.

Die Arbeitsfläche mit Zeitungs- oder Backpapier auslegen und das Wachs raspeln oder in kleinere Stücke schneiden.

Das Wachs in die Konservendose geben und in einen Topf mit Wasser stellen. Das Wachs im Wasserbad schmelzen. Wenn du Wachsreste verwendest, z. B. von Kerzenstummeln, entferne die Dochtreste, sobald das Wachs geschmolzen ist.

Dann in jede Eierkarton-Vertiefung drei kleine Zapfen hineindrücken. Das geschmolzene Wachs vorsichtig über die Zapfen gießen, sodass alle zehn Vertiefungen gleichmäßig gefüllt sind.

Das Wachs vollständig aushärten lassen und dann den gefüllten Eierkarton in die einzelnen Segmente zerschneiden.

Tipp: Die Ofenanzünder lassen sich noch leichter entzünden, wenn du zusätzlich feine Holzspäne mit in die Vertiefung gibst, bevor du sie mit Wachs ausgießt.

Glühwein mit Apfel-Topping

Der Herbst bringt eine besondere Behaglichkeit in dein Zuhause. Schon die Vorstellung, mit einem Glas duftendem, heißem Glühwein vor dem knisternden Feuer zu sitzen, zaubert mir ein zufriedenes Lächeln ins Gesicht. Nach einem Spaziergang belohne ich mich sehr gern mit einer behaglichen Kuschelstunde bei warmem Kerzenlicht am Kamin – der perfekte Moment, um den ersten Glühwein des Jahres zu genießen!

ZUTATEN

Für 2 Portionen

200 ml Weißwein
30 g Zucker
Saft und abgeriebene Schale von 1 Orange
Saft und abgeriebene Schale von 1 Zitrone
2 Zimtstangen
2 Gewürznelken
optional 1 kräftiger Schluck naturtrüber Apfelsaft

Für das Apfel-Topping

1 Apfel (z. B. Boskoop oder Elstar)
1 TL Zucker
½ TL Zimt
1 EL Butter

ZUBEREITUNG

Zuerst den Glühwein ansetzen: Dazu alle Zutaten in einen Topf geben und alles bei mittlerer Hitze erwärmen (nicht kochen!), bis sich der Zucker aufgelöst hat. Wer es süßer mag, kann noch etwas Apfelsaft hinzufügen.

Vom Herd nehmen und mindestens 3 Stunden lang ziehen lassen, damit sich die Aromen schön entfalten können.

Anschließend den Glühwein durch ein Sieb in eine Kanne oder einen Krug umgießen.

Für das Apfel-Topping den Apfel schälen, entkernen und in kleine Stücke schneiden.

In einer Pfanne die Butter bei mittlerer Hitze schmelzen lassen. Die Apfelstücke hineingeben und mit Zucker und Zimt bestreuen. Etwas 5 – 7 Minuten lang anbraten, bis die Apfelstücke weich sind und leicht karamellisieren.

Zum Servieren den Glühwein in Tassen oder Gläser gießen und die geschmorten Apfelstücke als Topping daraufgeben.

JUSTUS

WINTER-TRÄUME

Geborgenheit und Besinnung auf das Wesentliche

Ein liebevoll dekoriertes Zuhause ist eine Umarmung für die Seele.

Winterliche Deko im und um das Haus

Draußen weht der kalte Wind durch die Wälder und über die Felder, und in vielen Regionen bringt der frühe Winter schon ersten Schnee und Frost. Die Sonne geht spät auf und früher unter als in anderen Jahreszeiten. Eine heimelige Dunkelheit stellt sich ein.

Jetzt genieße ich lange Spaziergänge mit unserer kleinen Hündin Elli, auf die sie sich jedes Mal riesig freut. Besonders am Morgen, wenn sich die Landschaft über Nacht in eine glitzernde, helle Wunderwelt verwandelt hat, sind das ganz besondere Momente.

Wenn wir dann wieder zurück sind, stürze ich mich nicht gleich in die Arbeit, sondern sitze gern erst eine Weile mit einer Tasse Tee in der Küche oder im Wohnzimmer. Es ist eine Zeit des Innehaltens, der Ruhe und Gemütlichkeit.

In den Adventswochen wird es allerdings dann doch etwas trubelig. Berufliche und private Termine drängen sich und bringen uns häufig dazu, uns mehr vorzunehmen als wir eigentlich möchten. Besonders zum Ende der Adventszeit laufen die Weihnachtsvorbereitungen auf Hochtouren, und vieles muss noch erledigt werden. Dann in eine entspannte, besinnliche Stimmung zu kommen, ist häufig gar nicht so einfach.

Umso wichtiger ist es nun, wann immer möglich einen Gang zurückzuschalten und hinaus in die Natur zu gehen. Denn diese drosselt in diesen sonst so hektischen Wochen das Tempo und lebt uns vor, wie man zur Ruhe kommt.

Trotz der vielen Termine und Vorbereitungen liebe ich die Vorweihnachtszeit! Und um sie auch genießen zu können, versuche ich jedes Jahr, möglichst gut vorzuplanen, um der Hektik gezielt entgegenzusteuern. Dafür setze ich Prioritäten und nehme mir bewusst mehr Zeit für mich. Beim Plätzchenbacken, Basteln und Dekorieren kann ich wunderbar entspannen.

Wenn dann Weihnachten vorbei ist und das neue Jahr in den Startlöchern steht, freue ich mich auf Licht und Klarheit. Nach den Wochen der Weih-

nachtsdekoration überall im Haus steht mir nun der Sinn nach Veränderung, sei es ein frischer Wind in der Einrichtung, neue Ideen für die Gartengestaltung oder Blumen, die Farbe, Duft und Schönheit in unser Zuhause bringen. Jetzt macht es einfach Freude, etwas Neues auszuprobieren.

Flaschen und Vasen stilvoll dekorieren

Mit ein paar einfachen Ideen lassen sich Glasflaschen, Vasen und Weckgläser in eine stilvolle und gemütliche Winterdekoration verwandeln. Kerzen sorgen dabei für heimeliges Leuchten. In transparenten Glasgefäßen verbreiten sie einen sanften, warmen Schein. Bei echten Kerzen schützen die Gläser außerdem die Flamme vor Zugluft oder Kontakt zu brennbaren Materialien, sodass die Atmosphäre nicht nur behaglich, sondern auch sicher ist.

Die Gestaltungsmöglichkeiten sind vielfältig. Mit Lichterketten mit warmweißen LEDs werden einfache Glasflaschen schnell zu stimmungsvollen Lichterflaschen. Das sorgt für ein warmes Licht und setzt traumhafte Akzente in deinem Zuhause.

Auch Vasen lassen sich wunderbar gestalten. Mit Kerzen und zusätzlich mit schönen Naturmaterialien wie Tannenzapfen, Zimtstangen, getrockneten Orangen, Nüssen und frischen Stecklingen gefüllt, werden daraus im Nu hübsche Hingucker.

Um die Sinne mit aromatischen, heimeligen Düften zu verwöhnen, kannst du Gläser mit Anissternen, Nelken und Vanilleschoten füllen. Diese köstlichen Düfte bringen nicht nur Gemütlichkeit, sondern auch einen Hauch von festlicher Vorfreude in dein Zuhause.

Gebundener Winter-Kranz

Ich liebe Kränze! Sie wirken auch ohne weitere Deko feierlich und gleichzeitig elegant. Außerdem sind sie schnell selbst gemacht, besonders mit der Methode, die ich dir hier zeige. Sie funktioniert sowohl mit kürzeren Zweigen als auch mit langen, biegsamen Ranken. Ich bevorzuge trockene, mit Flechten bewachsene Zweige. Damit erhält der Kranz eine schön rustikale Optik.

MATERIAL

- Trockene Zweige, gern mit Flechten, alternativ lange, biegsame Ranken und Zweige (z. B. von Weide oder Efeu)
- Schüssel oder Eimer im gewünschten Ø des Kranzes
- Blumendraht

SO GEHT'S

Zunächst die Zweige vorbereiten. Dazu auf eine Länge schneiden oder brechen, die gut in die Schüssel passt. Je nach gewünschter Optik des Kranzes kannst du auch biegsame Ranken verwenden.

Für die erste Schicht einige Zweige oder Ranken nach und nach entlang der Innenseite auf dem Boden der Schüssel platzieren. Lange Ranken im Kreis legen und sanft an den Rand drücken, sodass sie sich automatisch der runden Form der Schüssel anpassen. Kürzere Zweigen gleichmäßig im Kreis am Rand entlang auslegen.

Wenn die erste Schicht fertig ist, alles mit Draht fixieren. Dafür die Zweige an einer Stelle ein wenig anheben, den Kranzabschnitt mit Draht umwickeln. Abschnitt für Abschnitt weiter so verfahren.

Für die weiteren Schichten weitere Zweige oder Ranken im Kreis auf die erste Schicht legen. Leicht auf die bereits gelegten Zweige drücken. Lange Ranken entsprechend in Form biegen, kürzere Zweige übereinanderstapeln und mit Draht fixieren. Diesen Vorgang so lange wiederholen, bis der Kranz die gewünschte Höhe erreicht hat.

Zum Schluss das Drahtende an einem der Zweige oder Ranken befestigen und zwischen den Zweigen verstecken, damit es nicht sichtbar ist.

Falls nötig, nun noch kleine Zweige oder Blätter einflechten, um Lücken zu füllen oder den Kranz zu dekorieren.

Tipp: So ein schlichter Kranz sieht schon allein sehr hübsch aus. Du kannst ihn aber auch mit dekorativen Naturfunden wie Schlehen, Hagebutten, kleinen Äpfelchen oder anderen natürlichen Deko-Stücken verzieren, um ihm eine festliche oder persönliche Note zu verleihen.

Kranz aus Lärchenzapfen

Klein, aber oho! Diese Kränzchen eignen sich hervorragend als Deko für die unterschiedlichsten Bereiche: Sie können an der Tür, an Lampen, im Innen- oder Außenbereich sowie an einem Haken in der Küche aufgehängt werden. Am besten eignen sich dafür lange, biegsame Zweige. Ich verwende am liebsten Birkenzweige. Zusammen mit Lärchenzapfen entsteht so eine zauberhafte, naturnahe Dekoration, die für gemütliche Stimmung sorgt.

MATERIAL

lange, biegsame Zweige,
z. B. Birke
getrocknete Lärchenzapfen
Heißkleber
kleiner Tannenzweig
Kordel oder dekoratives Band

SO GEHT'S

Den ersten Zweig in eine Kreisform in der gewünschten Größe des Kranzes biegen. Weitere Zweiglein darum biegen und ineinander wickeln, sodass nach und nach ein stabiler Kranz entsteht. Eine zusätzliche Fixierung ist nicht nötig.

Wenn der Kranz fertig gewickelt ist, die getrockneten Lärchenzapfen mit Heißkleber gleichmäßig auf dem Kranz verteilt aufkleben.

Zum Schluss einen kleinen Tannenzweig mit einer Naturkordel an den Kranz binden und aus dem Rest der Kordel eine Aufhängung binden. Mit einem Band in weihnachtlichem Dekor sieht der kleine Kranz besonders feierlich aus.

Vorfreude pur – Adventskalender

Ein Adventskalender verbreitet Vorfreude auf Weihnachten und sorgt für kleine tägliche Überraschungen. Mit Schokolade, liebevollen Botschaften, schönen Zitaten oder kleinen Geschenken ist er schnell gefüllt. Damit es nicht zu stressig wird, teilen sich unsere jüngeren Kinder einen Kalender, während unsere älteren am 6. Dezember eine besondere kleine Nikolaus-Überraschung erhalten.

Wer wenig Zeit hat, aber trotzdem einen Adventskalender selbst gestalten möchte, kann es ganz einfach halten: Aus Kraftpapiertüten lässt sich im Handumdrehen ein schlichter, aber schöner Kalender basteln. Mit frischem Grün, einer hübschen Zeichnung, weihnachtlichen Aufklebern oder Anhängern dekoriert, wird daraus ein stimmungsvolles Highlight in der Adventszeit.

Stern aus großen Holzperlen

Mit diesem DIY-Projekt kreierst du einen sehr natürlich wirkenden Perlenstern, der sich wunderbar in verschiedenste Wohnbereiche integrieren lässt. Je nach verwendeter Perlengröße kannst du die Sterngröße variieren und so individuelle Dekorationen für ein gemütliches Zuhause anfertigen.

MATERIAL

Für 1 Stern

30 Holzperlen, 5 cm Ø
ca. 3 m Basteldraht
Schere
dekoratives Band zum Aufhängen
optional Heißkleber

Tipp: Wenn du lieber kleinere Sterne anfertigen möchtest, verwende entsprechend kleinere Perlen und einen Nylonfaden statt des Basteldrahts.

SO GEHT'S

Für den Innenkreis des Sterns 12 Holzperlen auf den Basteldraht auffädeln. Lasse dabei das Drahtende etwas überstehen – es dient später zum Verknoten des Kreises.

Für die 2. Runde die lange Seite des Drahts erneut durch alle zwölf Perlen fädeln. Dadurch wird der Stern schön stabil. Alles zusammenziehen, sodass ein fester, runder Ring entsteht, und den Draht gut verknoten.

Nun geht es an die erste Zackenreihe: Dazu 2 Perlen auf den Draht fädeln und dann den Faden durch die übernächste Perle der 2. Runde fädeln. So einmal um den gesamten Perlenring arbeiten, bis die erste Zackenreihe vollständig ist.

Für die Spitze der Sternzacken den Draht immer durch die freie Perle der 1. Reihe fädeln, dann durch die 1. Perle der 2. Reihe und anschließend durch eine neue Perle.

Weiterarbeiten und durch die 2. Perle der 2. Reihe und die nächste freie Perle der 1. Reihe fädeln. Den Stern zurechtziehen und abschließend die Drahtenden verknoten.

Wenn der Stern die Form nicht halten möchte, kannst du ihn mit etwas Heißkleber zusätzlich stabilisieren. Zum Schluss zum Aufhängen ein dekoratives Band anbringen. Der Stern gewinnt deutlich an Stabilität, wenn er an der Wand lehnt, anstatt frei zu hängen.

Mini-Kränze im Förmchen

Es sind die kleinen Schätze aus vergangenen Zeiten, die eine besondere Wärme und Geschichte in unser Zuhause bringen. Flohmarktfunde, Erbstücke oder alte Backförmchen – sie erzählen von früher und fügen sich wunderbar in ein gemütliches Ambiente ein. Hier habe ich kleine Kränzchen in alte Backförmchen gesetzt. Ob als Tischdekoration, auf Regalen oder dem Couchtisch – diese nostalgischen Kerzenhalter sind eine liebevolle Art, Altes neu zu interpretieren und den Winterzauber ins Zuhause zu holen.

MATERIAL

Für 1 Förmchen

Mini-Backförmchen, z. B. von Oma oder vom Trödel
Steckschaum
Stabkerze
zwei dünne Birkenzweige
dünner Lärchen- oder Rosmarinzweig
weiße Schneebeeren oder andere winterliche Naturfunde

SO GEHT'S

Den Rand des Förmchens in den Steckschaum drücken und so die Form ausstechen. Dann den Steckschaum mit einem Messer passend zur Form konisch zuschneiden und in die Form setzen.

Für die Kerze in der Mitte des Steckschaums ein Loch schneiden. Der Durchmesser sollte etwas kleiner als der der Kerze sein, damit sie gut hält. Die Kerze in den Steckschaum drücken.

Die beiden Birkenzweige zu einem Kranz in der Größe des Förmchens winden. Den Lärchenzweig mit einbinden. Das Kränzchen um die Kerze in die Form legen und mit den Schneebeeren dekorieren.

Adventsgestecke und -kränze

Advent ist die Zeit, in der kleine Lichter die größte Wärme schenken.

Klassischer Adventskranz

Nicht jeder hat die Zeit oder Lust, einen Adventskranz selbst zu binden – und das muss auch nicht sein! Beim Basteln und Kreativsein in der Vorweihnachtszeit soll es schließlich um die Freude am Tun und an schöner Deko gehen. Auf keinen Fall sollte es in Stress ausarten! Wenn du also nur wenig Zeit hast, scheue dich nicht, einen fertigen Kranz zu kaufen. Denn ein gekaufter Kranz lässt sich ganz einfach individuell aufhübschen.

MATERIAL

fertiger Kranzrohling, z. B. Tanne
optional zusätzliches Grün, z. B. Seidenkiefer oder Ilex
Kerzenstecker für Stab- oder Blockkerzen
farblich passende Kerzen
Deko-Elemente, z. B. Schleifen, Zapfen oder Beeren, evtl. kleine Lichterkette
optional Heißkleber

SO GEHT'S

Auf der Basis eines fertigen Kranzrohlings ist ganz schnell ein klassischer Adventskranz gestaltet, der nicht weniger dekorativ sein muss, als ein selbst gebundener.

Dafür den Kranzrohling so verwenden, wie er ist, oder zusätzliches Grün, z. B. Seidenkiefer- oder Ilexzweige, zwischen die Zweige des Kranzes stecken. Anschließend die Kerzenstecker – je nach Wunsch für Stab- oder für Blockkerzen – in gleichen Abständen in den Kranz stecken. Die Kerzen aufstecken.

Zum Schluss den Kranz dekorieren. Hier bieten sich Schleifen, Zapfen oder andere Deko-Elemente an. Evtl. mit Heißkleber fixieren.

Tipp: Ganz besonders festliches und stilvolles Highlight ist ein hängender Kranz. Dafür vier breite Bänder in gleichen Abständen um den Kranz legen und oben mit einigem Abstand verknoten.

Hängender Kranz mit Ständer

In der Vorweihnachtszeit ist ein Adventskranz das passende Herzstück auf der liebevoll gedeckten Kaffeetafel. Noch besser kommt der Kranz aber zur Geltung, wenn er an einem Ständer etwas über der Tafel schwebt.

MATERIAL

Küchenrollenhalter aus Holz
Fertiger Kranzrohling,
z. B. Tanne
2 lange Bänder, z. B. Jute,
Baumwolle oder Samt
optional dünnere Hilfsbänder
für zusätzliche Stabilität
4 Teelichthalter und
Heißkleber, alternativ Kerzenstecker
4 Teelichte oder Stabkerzen
Deko-Material nach Wunsch

SO GEHT'S

Zunächst oben am Stiel des Küchenrollenhalters ein Kreuz einritzen. Dieses dient später als Führung für die Bänder.

Dann das erste Band um den Kranz legen und verknoten. Das andere Ende des Bandes auf der gegenüberliegenden Seite des Kranzes festbinden.

Nun mit dem zweiten Band ebenso verfahren und es an zwei gegenüberliegenden Punkten des Kranzes verknoten, sodass vier gleich große Segmente entstehen.

Dann den Küchenrollenhalter in die Mitte des Kranzes stellen und die Bänder mit ihrer Mitte in die Führungsritzen auf dem Rollenhalter stecken.

Wenn du dich für dünnere Hilfsbänder entscheidest, kannst du diese zuerst in die Einschnitte des Küchenrollenhalters stecken, um zusätzliche Stabilität zu bieten. Die beiden längeren Deko-Bänder lassen sich dann locker darüberspannen, und wenn du möchtest, kannst du die Enden jeweils zu Schleifen binden.

Dann die Teelichthalter gleichmäßig in den Zwischenräumen zwischen den Bändern mit Heißkleber auf den Kranz kleben. Alternativ die Kerzenstecker in den Kranz stecken, dabei mit der anderen Hand von unten dagegenhalten. Die Teelichte bzw. Stabkerzen einsetzen.

Überprüfen, ob der Kranz stabil und gerade hängt und die Bänder fest sitzen. Zum Schluss kannst du den Kranz nach Belieben mit Weihnachtskugeln, Tannenzapfen oder anderen festlichen Elementen dekorieren. Mir gefällt der Kranz so schlicht-schön am besten!

Backen im Advent

Backen im Advent – wenn der Duft von Gebäck Geschichten erzählt und die Herzen sich erwärmen.

Einmachgläser neu interpretiert

Ich kann mir die Vorweihnachtszeit ohne den Duft von süßen Plätzchen und köstlichen Lebkuchen einfach nicht vorstellen. Bei uns ist das Plätzchenbacken seit vielen Jahren eine liebgewonnene Tradition. Damit das Gebäck dann auch bis Weihnachten genauso lecker schmeckt wie am ersten Tag, braucht es eine gute Aufbewahrung. Weihnachtsgebäck wird häufig in Keksdosen aufbewahrt. Das ist praktisch, und es gibt wirklich schöne Dosen mit nostalgischem Dekor. Aber leider kann man dann das liebevoll gebackene und vielleicht auch verzierte Gebäck gar nicht sehen. Daher verwende ich gern alte Einmachgläser. Ich finde, sie haben einen besonderen Charme, der Erinnerungen an die Zeit meiner Großeltern wachruft. Gleichzeitig sind sie sehr funktional und lassen sich gut reinigen. Mit mehreren dieser Gläser kannst du deine Gebäcksorten wunderbar getrennt aufbewahren und schön arrangieren. Du hast aber keine Zeit zum Plätzchenbacken? Keine Sorgen, denn auch gekaufte Kekse schmecken köstlich. Weihnachten geht es ja schließlich darum, zur Ruhe zu kommen.

MATERIAL

Einmachglas mit flachem Deckel
selbstklebender Möbelknauf, alternativ Möbelknauf und Heißklebepistole
Naturkordel
Tannengrün

SO GEHT'S

Sicherstellen, dass der Glasdeckel des Einmachglases in der Mitte glatt ist, damit der Griff gut halten kann.

Einen Möbel- oder Aufhängeknauf mit selbstklebender Fläche nach Packungsanleitung auf die Mitte des Glasdeckels kleben und gut festdrücken. Alternativ kannst du auch jeden anderen Möbelknauf ohne festsitzende Schraube verwenden. Klebe diesen am besten mit Heißkleber auf den Glasdeckel.

Zum Schluss das Glas hübsch weihnachtlich dekorieren. Dazu mit Naturkordel etwas Tannengrün am Knauf festbinden. Du kannst auch deiner Kreativität freien Lauf lassen und z. B. ein Stoffband um das Glas binden und es mit weihnachtlichen Accessoires verzieren.

Tipp: Diese so aufgepeppten Einmachgläser sind nachhaltig und vielseitig. Außer für Gebäck kannst du sie auch als praktische Aufbewahrung von Mehl, Zucker und anderen Zutaten verwenden. Ein charmanter Mix aus Nostalgie und Funktionalität!

Plätzchen mit Marmeladenherz

Die Herz-Plätzchen sind eine Liebeserklärung an die Familie und an Weihnachten! Der süße Teig und die Konfitüre mit einem leicht säuerlichen Touch ergänzen sich wunderbar. Und sieht das Herz nicht bezaubernd aus?

ZUTATEN

Für 36 Plätzchen

500 g Mehl
1 Ei, zimmerwarm
100 g Zucker
250 g weiche Butter
1 Pck. Bourbon-Vanillezucker
1 Pck. Backpulver
Marmelade nach Wahl (z. B. Erdbeere, Himbeere oder Aprikose)
Spritzbeutel mit schmaler Tülle

ZUBEREITUNG

Das Mehl, das Ei, den Zucker, die Butter, den Vanillezucker und das Backpulver in einer großen Schüssel zu einem glatten Teig vermengen.

Den fertigen Teig zu einer Rolle formen und in Klarsichtfolie gewickelt für etwa 1 Stunde in den Kühlschrank legen.

Aus dem gekühlten Teig Stücke von etwa 25 g abschneiden und zu kleinen Kugeln formen. Die Kugeln flachdrücken.

Nun wird das Herz in die Plätzchen gedrückt: Dazu mit dem runden Stiel eines kleinen Löffels jeweils zwei Vertiefungen in den Teig drücken, sodass eine Herzform entsteht.

Den Backofen auf 170 °C Umluft vorheizen. Die Marmelade in einen Spritzbeutel mit schmaler Tülle füllen und vorsichtig in die Herzvertiefungen spritzen.

Die Plätzchen auf ein mit Backpapier ausgelegtes Blech legen und für etwa 25 Minuten backen. Danach auf einem Kuchengitter vollständig abkühlen lassen.

Lebkuchen ohne Backen

Hier zeige ich dir ein Rezept, das ganz ohne Backen gelingt. Ich liebe es, mit raffinierten, aber einfachen Rezepten zu arbeiten – so lassen sich köstliche Leckereien ohne viel Aufwand in den Alltag integrieren. Ein unkompliziertes Rezept, das herrlich nach Weihnachten schmeckt!

ZUTATEN

Für 12 Lebkuchen

200 g entsteinte Datteln
150 g Pekannüsse
2 EL Backkakao
½ TL gemahlener Ingwer
½ TL Zimt
⅓ TL gemahlene Nelken
⅓ TL Kardamom
12 Backoblaten

Für das Topping
100 g Schokolade
Schokostreusel
Puderzucker

ZUBEREITUNG

Die Datteln und die Pekannüsse fein hacken oder im Mixer zerkleinern. Mit den anderen Zutaten zu einem geschmeidigen Teig verkneten.

Aus der Masse 12 Kugeln formen, diese leicht flach drücken und auf die Backoblaten setzen.

Die Lebkuchen für etwa 1 Stunde in den Kühlschrank stellen, damit die Masse fester wird.

Anschließend die Schokolade im Wasserbad schmelzen und die Lebkuchen damit bestreichen und mit Schokostreuseln und Puderzucker verzieren. Sobald die Schokolade fest ist, genießen!

Haferflockenkekse süß oder salzig

Hier habe ich noch ein besonders schönes Rezept für kleine Genussmomente in der Weihnachtszeit. Überall duftet es dann nach köstlichem Gebäck, sodass man sich kaum vorstellen kann, dass das nicht das ganze Jahr lang so sein soll. Dafür sind diese Kekse genau richtig, denn sie sind wahre Allround-Talente. Sehr lecker, aber nicht so weihnachtlich, dass sie nicht danach auch noch schmecken würden! Und wer genug von den süßen Sachen hat, backt sie einfach in der salzigen Variante.

ZUTATEN

Für ca. 60 runde Kekse

Kreis-Ausstecher, Ø 5 cm
optional Musterrolle
240 g zarte Haferflocken
240 g Dinkelmehl
1 Pck. Backpulver
200 g weiche Butter
150 ml Wasser

Süße Variante
0,5 TL Salz
100 g Zucker

Salzige Variante
1 TL Salz

ZUBEREITUNG

Zunächst den Ofen 200 °C Ober- und Unterhitze vorheizen.

Die trockenen Zutaten mischen: Die Haferflocken, das Dinkelmehl und das Backpulver in eine Schüssel geben. Je nachdem, ob du es süß oder salzig magst, Zucker und Salz oder nur Salz zugeben. Alles gut vermischen.

Die weiche Butter in kleinen Stücken zu den trockenen Zutaten geben und alles so lange verkneten, bis eine homogene Masse entsteht.

Das Wasser hinzufügen und den Teig erneut verkneten, bis sich alles gut miteinander verbunden hat.

Den Teig zwischen zwei Blätter Backpapier legen und mit einem Nudelholz dünn ausrollen. So wird er schön gleichmäßig. Du kannst den Teig danach auch mit einer Musterrolle verzieren oder mit einer Gabel einstechen, damit sich die Kekse nicht aufblähen.

Dann mit dem Kreis-Ausstecher die Kekse ausstechen und auf ein mit Backpapier belegtes Blech legen. Für etwa 20 Minuten backen, bis die Kekse ganz leicht braun sind. Danach auf einem Gitter abkühlen lassen.

Glühwein-Gugelhupf

Mit viel Schokolade und einem kleinen Hauch von Grün ist dieser Glühwein-Gugelhupf ein echter Hingucker auf jedem Festtagstisch. Jedes Jahr bringt meine Schwägerin ihren unwiderstehlichen Glühwein-Gugelhupf mit zum großen Familienbuffet, und ich kann es immer kaum erwarten, dass ein Stück davon auf meinem Teller liegt.

Ich habe schon viele Rezepte für einen Glühwein-Gugelhupf ausprobiert, aber kein Kuchen schmeckte so himmlisch wie der meiner Schwägerin! Daher war ich sehr dankbar, dass sie das Rezept mit mir geteilt hat.

ZUTATEN

Für 1 Gugelhupf

Für den Teig

Gugelhupf-Form, ca. 24 cm Ø
250 g Butter, zimmerwarm
250 g Puderzucker, gesiebt
4 mittelgroße Eier
Mark von 1 Vanilleschote
1 Pck. Vanillezucker
80 g Quark, 40 %, ausgedrückt in einem Tuch
170 ml Glühwein (siehe Rezept auf Seite 54)
1 Pck. Backpulver
1 EL Speisestärke
250 g Mehl
100 g Kuvertüre (nach Wahl)
30 g Backkakao
30 ml Milch
Butter und Mehl für die Form

Für den Überzug

1 Pck. Kuvertüre (nach Wahl)

ZUBEREITUNG

Die Butter mit dem Puderzucker sehr schaumig rühren.

Nach und nach die Eier sowie das Vanillemark und den Vanillezucker unterrühren.

Dann den Quark und den Glühwein zugeben und alles gut vermengen.

In einer weiteren Schüssel das Backpulver, die Speisestärke und das Mehl mischen und unter die Masse rühren.

Die Kuvertüre in einem heißen Wasserbad schmelzen. Zusammen mit dem Kakao und der Milch hinzufügen und gut unterrühren.

Den Backofen auf 175 °C Ober- und Unterhitze vorheizen. Die Gugelhupf-Form mit Butter einpinseln, mit Mehl bestäuben und den Teig hineingeben.

Dann den Gugelhupf im Backofen auf der untersten Schiene 70 – 80 Minuten lang backen.

Eine Stäbchenprobe machen und den Gugelhupf aus dem Ofen nehmen. Etwas abkühlen lassen und vorsichtig auf ein Gitter stürzen.

Die Kuvertüre für den Überzug im Wasserbad schmelzen und über den vollständig ausgekühlten Kuchen gießen.

Tipp: Der Gugelhupf schmeckt noch besser, wenn er gut eingepackt ein paar Tage durchziehen konnte!

Hübsch verpackt

Mit Liebe verpackt, mit Freude verschenkt –
kleine Gesten, die Großes bedeuten.

Papier-Geschenkanhänger

Das braune Filterpapier für Kaffeemaschinen ist ein wunderbares Grundmaterial für hübsche Papierdekorationen, denn es wirkt sehr natürlich und ist nicht teuer. Ganz besonders praktisch sind Rundfilter, denn diese haben schon eine perfekt runde Form und man erspart sich das Zuschneiden und damit Reste, die entsorgt werden müssen.

Wabenbälle oder -kugeln kann man nicht nur als Christbaumschmuck in den Weihnachtbaum hängen, man kann mit ihnen auch sehr kreativ Geschenke dekorieren. Diese bezaubernden Bälle sind nicht nur hübsch, sondern sorgen beim Auseinanderfalten auch immer wieder für einen kleinen Aha-Moment.

MATERIAL

Für 1 Wabenball

16 Rundfilterpapiere, 94 mm Ø
dünnes doppelseitiges Klebeband
Geschenkband oder Faden
Schere

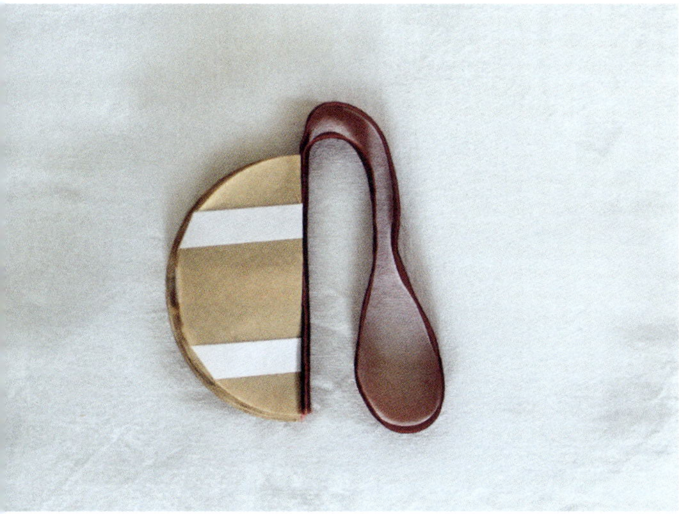

SO GEHT'S

16 Rundfilterpapiere jeweils einfach in der Mitte falten, sodass du insgesamt 16 Halbkreise erhältst.

Die gefalteten Filter wieder öffnen und ein Stück dünnes doppelseitiges Klebeband waagerecht mittig auf die Innenseite jedes Halbkreises kleben. Dann die Schutzfolie des Klebebands entfernen und die beiden Hälften zusammendrücken. Jetzt hast du 16 Halbkreise, die in der Mitte zusammengeklebt sind.

Klebe nun auf jeden Halbkreis oben und unten ein weiteres Stück Klebeband, ca. 1 cm von der Spitze entfernt.

Die Schutzfolie entfernen und nacheinander alle 16 Halbkreise aufeinander kleben. Dabei darauf achten, dass alle Halbmonde genau übereinander liegen.

Für die spätere Aufhängung mit doppelseitigem Klebeband ein Band entlang der geraden Seite der Waben aufkleben.

Dann die aufeinander geklebten Papiere vorsichtig auffalten und zusammenkleben. Wenn du möchtest, kannst du die Form auch nur halb öffnen und so als Deko auf ein Geschenk kleben.

Geschenke verpacken mit Stoff

Stehst du in der Weihnachtszeit, wenn es an das Verpacken der Geschenke geht, immer vor deinem Stapel Geschenkpapierrollen und denkst, dass es doch schade ist um all das schöne Papier, das nachher nur zerrissen und weggeworfen wird? So ging es mir auch immer. Ich finde das Verpacken von Geschenken mit Geschenkpapier ist so gar nicht nachhaltig. Dabei kann man besonders für kleinere Geschenke wunderbar Geschirrhandtücher oder Stoffservietten als Verpackung verwenden. Mit ein paar hübschen Accessoires kann man diese Stoffverpackungen liebevoll dekorieren und erhält so einen schlichten und edlen Look. Dazu ist die Verpackung selbst gleich ein weiteres kleines Geschenk, das der Beschenkte dann im Haushalt oder wieder für eigene Geschenke benutzen kann.

Für einen ganz festlichen Touch verwende ich gern antike Leinenwäsche aus Omas Zeiten. In vielen Haushalten gibt es noch einzelne alte Stoffservietten, Kissenbezüge und mehr, für die wir meist keine Verwendung mehr haben. Mit ihrem eleganten Weiß verleiht die Leinenwäsche dem Ganzen eine besonders charmante Note.

Zum Zusammenbinden eignet sich z. B. grobe Naturkordel, denn sie bildet einen interessanten Kontrast zum glatten weißen Stoff. Und verziert werden die Geschenke am schönsten mit kleinen Anhängern aus Holzperlen oder Naturfunden wie Eicheln, Tannenzweigchen oder Blättern. Lass deiner Fantasie freien Lauf und falte die Geschirrhandtücher, Servietten & Co. zu kleinen Päckchen oder schnüre sie zu kleinen Bündeln.

Weihnachtliche Geschenkbeutel

Um zu vermeiden, dass wir alle kurz vor Weihnachten unter hohem Zeitdruck mit einer langen Aufgabenliste von Geschäft zu Geschäft hetzen, um noch etwas Passendes für unsere Liebsten zu finden, haben wir uns vor ein paar Jahren etwas Schönes ausgedacht. Jedes Familienmitglied schreibt seinen Namen auf ein Zettelchen und wirft dieses in eine Box. Jeder zieht aus der Box einen Namen heraus, und das ist dann die Person, der er etwas schenkt. So wird es überschaubarer und persönlicher.

Damit auch größere Geschenke nachhaltig und liebevoll verpackt werden können, habe ich für jedes Familienmitglied einen Weihnachtssack genäht. Alle Säcke sind gleich groß und sehen gleich aus. Ich habe mich für einen karierten Stoff in Brauntönen entschieden, passend zu den anderen natürlichen Farben und Materialien in unserem Haus. Damit wir die Säcke auseinanderhalten können, ist an jedem Sack ein weihnachtlicher Anhänger aus Holz angebracht. Alle Säcke zusammen ergeben so ein harmonisches, ruhiges Bild, und wir können es kaum erwarten, sie aufzuschnüren!

MATERIAL

Für 1 Beutel

Baumwollstoff, 120 x 80 cm
Stecknadeln
Sicherheitsnadel
Schneiderkreide
Kordel oder dekoratives Band
Nähmaschine
Farblich passendes Garn

SO GEHT'S

Überlege dir, wie groß dein Beutel sein soll, damit dein Geschenk gut hineinpasst. Dann den Stoff mit der linken Seite nach oben vor dich hinlegen. Die lange Seite des Stoffes etwa 15 cm nach innen umschlagen und mit Stecknadeln fixieren.

Für die Position des Tunnelzugs etwa mittig auf dem umgeschlagenen Teil mit Schneiderkreide im Abstand von etwa 3 cm zwei parallele Linie ziehen. Hier wird später die Kordel eingefädelt. Auf den beiden markierten Linien je eine Naht nähen.

Dann den Beutel zusammennähen. Dazu den Stoff so übereinanderlegen, dass die rechte Seite des Stoffes innen liegt und die Form eines Beutels entsteht. Berücksichtige eine Nahtzugabe von 1 cm und nähe den Stoff entlang der beiden offenen Seiten des Beutels zusammen. Dabei unbedingt darauf achten, dass die Öffnung für den Tunnelzug offen bleibt! Hier die Nähmaschine an der Stelle anhalten und verriegeln, indem du ein paar Stiche vor- und zurücknähst. Neu ansetzen, wieder verriegeln und bis zum Ende nähen. Am Ende angekommen wieder verriegeln.

Jetzt den Beutel auf rechts umdrehen, sodass die „schöne" Seite des Stoffes außen sichtbar ist.

Mithilfe einer Sicherheitsnadel die Kordel oder das Band durch den Tunnelzug ziehen. Wenn du die Kordel anziehst, entsteht ein schöner, gekräuselter Rand am oberen Ende des Beutels.

Tipp: Besonders hübsch sehen die Beutel mit kleinen, individuellen Anhängern aus, die du mit den Namen der Beschenkten beschriftest. Dann weißt du auch sofort, welches Geschenk für wen bestimmt ist!

Es weihnachtet!

Es weihnachtet. Lichter, Düfte
und gemeinsame Momente füllen die Herzen.

Am Weihnachtsmorgen

In diesen wunderbaren Stunden fühlt man sich ein wenig in die eigene Kindheit zurückversetzt. Er ist wieder zu spüren, der Zauber der Vorfreude und gleichzeitig der Ruhe und Entspannung. Alles, was besorgt werden musste, ist im Haus, alle Geschenke sind verpackt. Ganz gemütlich können wir uns – teils noch im Pyjama – ganz auf das Aufstellung des Weihnachtsbaums konzentrieren. Der Baum wird von uns allen gemeinsam festlich geschmückt – jede Kugel und jedes Lichtchen bringt ein Stückchen mehr Gemütlichkeit in unser Zuhause. Zwischendrin schreiben wir persönliche Kärtchen mit lieben Weihnachtsgrüßen für unsere Nachbarn und Freunde.

Und wenn der Baum dann in seiner ganzen Pracht erstrahlt, ist es Zeit für die letzten Vorbereitungen für das Weihnachtsessen, und die Tischdeko wird mit viel Liebe gestaltet. Überall werden Kerzen aufgestellt, deren warmes Licht in unseren Räumen eine festliche und besinnliche Stimmung verbreitet. Zum Schluss wird noch ein wenig aufgeräumt – und dann ist es bald so weit. Die Vorfreude auf die festlichen Tage und die Zeit des Beisammenseins steigt.

Herzservietten für ein gemütliches Frühstück

Lange, ausgiebige Weihnachtsfrühstücke sind etwas, auf das ich mich immer ganz besonders freue. Dann erfüllt der Duft von frisch gebackenem Brot und anderen köstlichen Leckereien das Haus und unser liebevoll gedeckter Tisch ist nicht nur eine Augenweide, sondern auch ein Gaumenschmaus!

Das perfekte i-Tüpfelchen für den weihnachtlichen Frühstückstisch sind hübsch gefaltete Stoff-Servietten. Ein so geschmückter Tisch macht noch mehr Lust, hier beim gemütlichen Zusammensein und beim Geschichtenerzählen zu verweilen. Denn womit kann man das Weihnachtsfest schöner zelebrieren als mit gemeinsamem Essen?

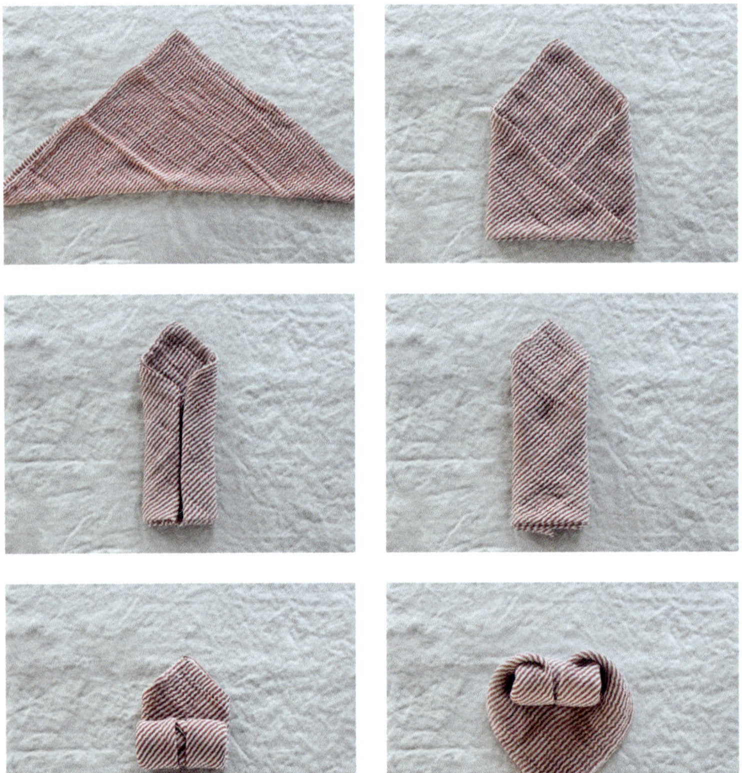

MATERIAL

1 quadratische Stoffserviette, z. B. 40 x 40 cm

SO GEHT'S

Die Stoffserviette flach vor dir auf dem Tisch ausbreiten. Diagonal zur Hälfte falten, sodass ein gleichschenkliges Dreieck entsteht. Die lange Seite liegt quer vor dir.

Die rechte und die linke Spitze zur Mitte der jeweils anderen Seite legen, sodass sie überlappen. Jetzt ist ein Umriss entstanden, der an ein Haus erinnert.

Die rechte und die linke Außenkante nach innen zur Mitte falten, sodass ein schmaler Streifen entsteht.

Die Servierte vorsichtig umdrehen und von untern aufrollen, bis nur noch die Spitze übrigbleibt.

Die Serviette um 180 Grad drehen, sodass die eingerollte Kante nach oben und die Spitze nach unten zeigt. Nun beiden aufgerollten Stoffenden auf der Unterseite ganz leicht nach außen ziehen und zu einer weichen, runden Herzform modellieren.

Köstliche Kleinigkeiten

Das Weihnachtsessen ist das Highlight beim Fest im Kreis der Familie. Weil es an Weihnachten aber ohnehin immer und überall etwas zu essen gibt, sind Appetizer oder andere köstliche Kleinigkeiten oft völlig ausreichend. Bei uns gibt es daher kleine, aber feine Leckereien, die als Hingucker auch noch zusätzlich für festliche Stimmung sorgen.

Davor herrschen in unserer Küche, dem Zentrum der Zubereitung, Aufregung und Vorfreude. Schließlich ist die perfekte Vorbereitung der Schlüssel zu einem gelungenen Fest. Damit es für keinen zu viel wird, teilen wir die Aufgaben familiär auf: Die Mädels machen die Vorspeisen, während meine Mutter und ich die Hauptspeise zubereiten. Mein Mann zaubert schließlich die Nachspeise. So verwandelt sich das Weihnachtsessen in ein gemeinsames Familienprojekt, das nicht nur den Gaumen, sondern auch das Herz erfreut.

Rote-Bete-Törtchen

Mit diesem Starter beginnt das Weihnachtsmahl schön leicht und frisch. Die Törtchen schmecken nicht nur köstlich, sondern sind durch ihre farblich abgestimmten Schichten auch noch ein wahrer Augenschmaus. Sie lassen sich schnell zubereiten, man kann sie aber auch einige Stunden vorher vorbereiten und im Förmchen im Kühlschrank aufbewahren.

ZUTATEN

Für 4 Törtchen

4 Tassen oder Förmchen, 8 cm Ø
Öl zum Einfetten
3 EL Granatapfelkerne
100 g Feta
1 Orange
2 vorgekochte, eingelegte Rote Bete
1 Avocado
1 Zitrone (Saft)
Olivenöl
Salz und Pfeffer nach Geschmack

ZUBEREITUNG

Die kleinen Tassen oder Förmchen leicht mit Öl einpinseln. Die Granatapfelkerne auf den Boden der Tasse geben und den Feta darüber krümeln.

Die Avocado in kleine Würfel schneiden und als nächste Schicht ebenfalls in die Tassen geben.

Die Orange schälen, Das Fruchtfleisch in kleine Stücke schneiden und darauflegen.

Die Rote Beten würfeln und als letzte Schicht in die Tassen geben.

Den Inhalt der Tassen leicht andrücken, damit sich die Zutaten etwas verbinden, und dann die Tasse vorsichtig auf Teller stürzen.

Zum Schluss die Törtchen mit Zitronensaft und Olivenöl beträufeln und mit Salz und Pfeffer würzen. Wer die Törtchen im Geschmack etwas kräftiger mag, kann sie zwischen den verschiedenen Schichten auch noch würzen.

Tipp: Für eine festere Konsistenz kann man die Törtchen nach dem Schichten für einige Minuten in den Kühlschrank stellen.

Gorgonzola-Creme mit Walnüssen und Orange

Hier trifft cremiger Genuss auf frische Leichtigkeit. Hübsch im Gläschen angerichtet ist diese Käsecreme ein schmackhafter Zwischengang mit mediterranem Touch. Die cremige Textur dieses aromatisch-leichten Gerichts harmoniert wunderbar mit den knackigen Walnüssen und den erfrischenden Orangenschnitzen, die für einen Hauch von Frische sorgen.

ZUTATEN

Für etwa 10 Gläschen

10 kleine Gläschen à 150 ml
100 ml Milch
50 ml Kochsahne
1 kräftiger Spritzer Zitronensaft
50 g Gorgonzola
1 TL Speisestärke
1 TL Agavendicksaft
schwarzer Pfeffer (kräftig würzen)
gemischter Salat nach Wahl
10 Walnüsse
20 Spalten filetierte Orange

ZUBEREITUNG

Die Milch und die Sahne in einen kleinen Topf geben und aufkochen. Einen Spritzer Zitronensaft hinzufügen.

Den Gorgonzola in die Milch-Sahne-Mischung geben und darin schmelzen lassen.

Die Speisestärke sieben, einrühren und die Masse nochmals aufkochen, bis sie eindickt.

Mit Agavendicksaft und schwarzem Pfeffer abschmecken. Dann alles kräftig mit einem Schneebesen schlagen.

Die Creme abkühlen lassen und in kleine Gläser oder Schälchen füllen. Zum Schluss mit Salatblättern, Walnüssen und Orangenfilets dekorieren.

Tipp: Damit die Gorgonzola-Creme nicht zu dominant wird und das Gericht schön ausgewogen bleibt, kann man auch kleinere Portionen machen und ein, zwei Gläser mehr anrichten.

Willkommensgeschenk für eine süße Überraschung

Selbstgemachte, mit kleinen Leckereien gefüllte Papierschachteln kommen als Willkommensgeschenk bei allen Gästen sehr gut an. Diese kleinen, liebevoll verpackten Überraschungen machen den Weihnachtskaffee noch persönlicher und sorgen für ein Lächeln bei jedem Gast. Sie sind schnell gemacht und können ganz nach Geschmack mit Süßigkeiten, kleinen Geschenken oder selbstgemachten Leckereien gefüllt werden.

MATERIAL

Für 1 Papierschachtel

quadratisches Blatt Papier

SO GEHT'S

Das Blatt Papier auf eine flache Oberfläche legen. Wenn du gemustertes Papier verwendest, lege es mit der Musterseite nach unten.

Das Papier zunächst in der Mitte von oben nach unten falten, sodass du eine horizontale Falte erhältst. Öffne das Papier wieder.

Dann das Papier von links nach rechts falten, sodass du eine vertikale Falte erhältst. Öffne es wieder. Dein Papier ist nun durch die beiden Falten in vier gleich große Quadrate geteilt.

Nun die vier Ecken des Papiers zur Mitte falten, sodass alle Ecken aufeinandertreffen. Achte dabei darauf, dass die Falten ordentlich und die Kanten glatt sind. Streiche sie sorgfältig aus.

Das Papier von oben nach unten und von unten nach oben zur Mitte falten, sodass du zwei weitere Falten bekommst. Streiche die Kanten gut glatt, um scharfe Falten zu erhalten.

Dann die Faltungen wieder aufklappen. Klappe auch zwei gegenüberliegende Spitzen wieder auf. Du hast nun ein Papier mit mehreren Rillen und Faltmarkierungen. Lege das Papier so vor dich, dass die Ecken nach oben und unten zeigen.

Die Seiten des Papiers, deren Spitzen noch eingeklappt sind, zur Mitte falten. Die Faltungen gut feststreichen und dann die beiden Seiten senkrecht aufstellen. Das sind die ersten beiden Wände deiner Schachtel.

Jetzt sind die beiden anderen Seitenwände dran. Dafür unterhalb der oberen Ecke links und rechts die Seiten nach innen drücken. Dabei kommt die Ecke nach oben. Die Ecke nach innen umklappen.

An der unteren Ecke genauso verfahren, die Ecke nach innen umklappen – und fertig ist die Schachtel!

Lichter in der dunklen Jahreszeit

Im Wohnzimmer, bei gedämpftem Licht, leuchtet ein ganz besonderes Arrangement – das Glückslicht für das neue Jahr. In der großen, weißen Vintage-Schüssel kommen die zarten Kerzen mit ihrem sanften Schein wunderbar zur Geltung. Die Kerzen strahlen ein zartes, warmes Licht aus, das im Raum eine gemütliche und einladende Atmosphäre verbreitet, und der Glücksklee symbolisiert den Neubeginn und die Hoffnung, dass das neue Jahr mit Glück gesegnet sein wird.

MATERIAL

Schüssel oder anderes Gefäß
Steckschaum
ca. 6 Glücksklee-Pflänzchen, je nach Größe von Schüssel und Pflanzen
12 dünne Stabkerzen
Moos
Glitzer-Deko

Positive Energie

Das Licht in der Schüssel steht für den Wunsch nach einem hellen, glücklichen Jahr – ein Licht, das uns in dunklen Tagen begleitet. Es erinnert uns daran, dass jeder von uns ein kleines Licht braucht, um voller Hoffnung und positiver Energie durch das neue Jahr zu gehen.

SO GEHT'S

Zuerst den Steckschaum in mehreren kleinen Stücken als stabile Basis für die langen, dünnen Stabkerzen in die Schüssel legen. Für guten Halt etwas festdrücken. Der Schaum muss nicht gewässert werden.

Dann die kleinen Pflänzchen zwischen die Steckschaum-Stücke drücken. Die Kerzen in den Steckschaum und in die Pflanzerde stecken.

Anschließend den Steckschaum mit Moos abdecken und zum Schluss mit Glitzer-Deko für den Neujahrs-Touch sorgen.

DAS NEUE JAHR BEGINNT

Freuen auf alles, was da kommt!

Im Januar liegt die Magie des Neuanfangs – ein stiller Moment, um loszulassen, zu ordnen und sich auf das Wesentliche zu besinnen.

Magischer Neuanfang

Für jeden Neuanfang braucht man Zeit und ein bisschen Mut. So ist es auch zu Beginn jeden neuen Jahres. Das alte Jahr ist zu Ende und das neue Jahr wartet mit all seiner Vorfreude, aber auch seinen Herausforderungen auf uns.

In den letzten Jahren ist es mir immer wichtiger geworden, zwischendurch innezuhalten und eine kleine Bestandsaufnahme zu machen. Was tat mir im letzte Jahr gut? Welche Gewohnheiten dürfen bleiben, welche sollen gehen? Was möchte ich anders machen? Es geht nicht um radikale Veränderungen, sondern um ein achtsames Sortieren, um herauszufinden, was wirklich wichtig ist.

Vielleicht startest du voller Elan ins neue Jahr – mit frischen Ideen, viel Mut und spannenden Plänen. Oder du gehst es langsamer an, lässt dich treiben und hältst fest an dem, was dir guttut. So fühlt sich der Neuanfang für jede und jeden anders an.

In dieser verzauberten Zeit, in der das neue Jahr noch frisch ist, fühlt sich vieles neu an, auch wenn wir es schon viele Male getan haben. Ein Spaziergang an einem winterlichen Morgen, wenn alles mit Raureif überzogen ist, entfaltet da eine ganz besondere

Magie. Die frostige Ruhe legt sich sanft über den Garten und schafft eine fast märchenhafte Stimmung.

Auch die Tiere passen sich achtsam an diese stille Welt an. Die Vögel hüpfen vorsichtig über den gefrorenen Boden, während Rehe und Hasen zarte Spuren im Schnee hinterlassen. In der kalten Luft wird der Atem sichtbar– ein Zeichen des Lebens, das auch in der Ruhe weiter pulsiert.

Die Eiskristalle glitzern auf Zweigen und Gräsern. Der Garten scheint zu schlafen, und doch ist alles voller Leben. Ein stiller Zauber, der uns daran erinnert: Jeder Tag kann ein Anfang sein.

Selbst gemachte Marshmallows

Es gibt kaum etwas, das nach einem Spaziergang in der Winterkälte so sehr für Wohlgefühl sorgt wie ein heißer Kakao mit selbst gemachten Marshmallows – ein ganz besonderer Genussmoment.

Natürlich kann man Marshmallows auch fertig kaufen, aber wie es oft so ist: Selbstgemachtes schmeckt einfach besser! Diese kleinen, fluffigen Köstlichkeiten zuzubereiten, ist bei uns eine besondere Tradition, auf die sich alle freuen. Für größere Marshmallows stechen wir die einzelnen Stücke gern z. B. mit Stern-Förmchen aus. Dann ist die Zubereitung ein bisschen wie Plätzchenbacken. Kleine Marshmallows für heißen Kakao schneidet man am besten mit dem Messer.

ZUTATEN

Für ca. 20 Marshmallows

Auflaufform
210 g Puderzucker
10 Blätter weiße Gelatine
100 ml Wasser
etwas Öl (zum Fetten der Form)
optional Keks-Ausstecher

Zum Bestäuben
20 g Puderzucker
1 Pck. Vanillezucker (mit echter Vanille)
2 EL Speisestärke

Marshmallows rösten

Die leckeren Marshmallows sind eigentlich viel zu schade, um sie nur einmal im Jahr herzustellen. Daher gibt es bei uns in der Grillsaison meist eine zweite Runde, denn die Kinder lieben es einfach, Marshmallows zu rösten. Dann stehen sie mit ihren Spießen mit leuchtenden Augen um das Feuer und schauen zu, wie die Marshmallows schön braun und knusprig werden.

ZUBEREITUNG

Zuerst das Bestäubungsgemisch vorbereiten. Dafür 20 g Puderzucker, den Vanillezucker und die Speisestärke mischen.

Für die Marshmallows selbst den restlichen Puderzucker in eine Schüssel sieben.

Die Gelatine in einen kleinen Topf mit 100 ml Wasser geben und 5 – 10 Minuten lang quellen lassen. Anschließend erhitzen, bis sich die Gelatine vollständig im Wasser aufgelöst hat. Vorsicht: Das Wasser sollte nicht kochen.

Dann die aufgelöste Gelatine unter ständigem Rühren mit einem Handrührgerät in den gesiebten Puderzucker einarbeiten. Dann auf höchster Stufe so lange schlagen, bis eine fluffige, weiße Masse entsteht, die Spitzen zieht.

Nun die Auflaufform oder eine ähnlich flache Form dünn mit Öl einfetten.

Das vorbereitete Bestäubungsgemisch mit einem Sieb gleichmäßig auf den Boden der Form sieben.

Die Marshmallow-Masse in die Form geben und glattstreichen. Mit dem Bestäubungsgemisch bestreuen. Die Masse in der Form an einem trockenen Ort über Nacht fest werden lassen.

Am nächsten Tag die Masse vorsichtig aus der Form lösen. Dann je nach Wunsch mit einem Keks-Ausstecher z. B. Sterne ausstechen oder mit einem scharfen Messer in kleine Würfel schneiden.

Nach Belieben erneut mit dem Bestäubungsgemisch bestreuen, damit die Marshmallows nicht zusammenkleben.

Tipp: Die Marshmallows können mit Lebensmittelfarbe eingefärbt oder mit Kakaopulver, Zimt oder Kokosraspeln verfeinert werden!

Glücksbringer-Lesezeichen

Glücksklee ist sehr beliebt als Silvester-Glücksbringer. Als kleines Gastgeschenk oder Neujahrs-Dekoration freut sich jeder darüber! Mit diesem Lesezeichen kann man sich den hübschen kleinen Glücksbringer für das ganze Jahr bewahren. Dazu werden die Blätter einfach zwischen die Seiten eines dicken Buchs gelegt und so gepresst. Auf diese Weise behalten sie ihre Form und Farbe und du hast einen zauberhaften Begleiter für deine nächsten Leseabenteuer.

Ein selbstgemachtes Lesezeichen mit gepressten Glücks-klee-Blättern ist eine wunderbar persönliche Aufmerksamkeit, die Freude und Glück in den Alltag bringt. Es eignet sich perfekt als liebevolle Beilage zu einem Neujahrsgruß oder als bezaubernde Überraschung auf einer Geburtstagskarte. So kannst du ganz nachhaltig im wahrsten Sinne des Wortes Glück verschenken. Einfach, kreativ und – das Wichtigste – mit Liebe gemacht!

MATERIAL

Für 1 Lesezeichen

3 oder mehr vierblättrige Kleeblätter
2 Blätter Backpapier
Selbstklebende, zuschneidbare Laminierfolie
Schere oder Cutter
Lineal oder Plastikkarte zum Andrücken
Locher
Kordel oder Band

SO GEHT'S

Zunächst die vierblättrigen Kleeblätter zwischen zwei Blätter Backpapier oder zwei Papiertaschentücher legen und zwischen die Seiten eines Buches legen. Das Ganze mit weiteren Büchern beschweren und für ein paar Tage dort belassen.

Die selbstklebende Laminierfolie mit einer Schere oder einem Cutter auf die gewünschte Größe zuschneiden – das Lesezeichen kann rechteckig oder oval sein oder abgerundete Ecken haben. Die Folie sollte etwas breiter sein als die Kleeblätter.

Die Schutzfolie der Laminierfolie abziehen, die gepressten Kleeblätter vorsichtig auf die klebende Seite legen und eine zweite Schicht Folie darüber platzieren.

Nun die Folie glattstreichen. Dafür mit einem Lineal oder einer Plastikkarte sanft über die Folie fahren, um Luftblasen zu entfernen und die Folie fest zu verschließen.

Du kannst das Lesezeichen noch mit einer Schere oder einem Cutter sauber auf die gewünschte Form zuschneiden.

Zum Schluss auf einer Schmalseite mit dem Locher ein Loch für das Band stanzen und ein Band oder eine Schnur durchziehen. Verknoten und fertig ist dein Glückslesezeichen mit Leseband.

Gute-Vorsätze-Notizbüchlein

Der Beginn des neuen Jahres bietet die perfekte Gelegenheit, dich neu zu sortieren und deine Gedanken zu ordnen. Ein kleines Notizbuch kann dir dabei helfen, deinen Kopf freizubekommen und die Dinge klarer zu sehen. Ein einfacher erster Punkt auf deiner To-Do-Liste könnte sein: „Das Leben genießen!" Schaffe dir damit einen kleinen Raum zur Besinnung und zum Träumen. Schnell und unkompliziert selbstgemacht, ist es zudem eine perfekte Geschenkidee zum neuen Jahr.

MATERIAL

10 Blätter Papier, DIN A4, nach Wunsch weiß oder kariert
1 Blatt festeres Papier, DIN A4, gemustert
festes Nähgarn
ca. 1 m Schnur
Sicherheitsnadel
Nähnadel
Holzperle
Locher
Holzbrett (für das Vorstanzen der Löcher)
optional ein Aufkleber und Stift

Innehalten

Dieses Notizbüchlein wird dich daran erinnern, bewusst Pausen zu machen und die kleinen Momente im Alltag wertzuschätzen. Nimm dir täglich nur 10 Minuten Zeit – vielleicht, um einfach aus dem Fenster zu schauen und deine Gedanken fließen zu lassen. Und dann kannst du dem Büchlein nicht nur deine Wünsche und Ziele für das neue Jahr anvertrauen, sondern auch die vielen kleinen, wunderbaren Dinge in deinem Leben festhalten.

SO GEHT'S

Die 10 Blätter A4-Papier in der Mitte falten und wieder auffalten.

Für das Cover das gemusterte Papier mit der Musterseite, die später die Außenseite des Covers wird, nach unten legen. Ebenfalls in der Mitte falten und wieder auffalten. Die 10 Blätter auf das Coverpapier legen.

Alle Papiere in dieser Anordnung auf das Holzbrett legen. Darauf achten, dass alles gut ausgerichtet ist und nichts verrutscht.

Dann werden die Löcher vorgestanzt: Benutze dazu die Sicherheitsnadel, um entlang der Falzlinie des Papiers im Abstand von etwa 1 cm kleine Löcher zu stechen.

Nun das Papier zum Büchlein binden: Dazu ein Stück Nähgarn abschneiden und in die Nähnadel einfädeln. Mit einem kleinen Knoten sichern.

Vom oberen Rand ausgehend die Nadel mit dem Garn durch die Löcher ziehen und eine Heftnaht bis zum unteren Rand setzen. Das Nähgarn am Ende mit einem kleinen Knoten sichern.

Für die Schnur mit dem Locher auf der Rückseite des Covers ein Loch in die Mitte der langen Seite stanzen. Hier wird dann die Schnur hindurchgefädelt.

Die Schnur durch das Loch im Cover fädeln. Einen Doppelknoten machen, sodass eine Schlaufe entsteht. Die Schlaufe sollte etwa 6 cm lang sein, und ein kleines Stück Band kann überstehen.

Das lange Band zweimal um das Notizbuch wickeln und dann die Holzperle anbringen: Dazu die Perle am anderen Ende des Bandes auffädeln und mit zwei Knoten fixieren. Auch hier bleibt ein kleines Stück Band von etwa 6 – 7 cm stehen. Mit der Perle und der Schlaufe kannst du das Buch sicher verschließen.

Zum Schluss kannst du noch einen Aufkleber auf deinem Notizbüchlein anbringen und beschriften.

Drei Frühstücksvarianten

Für einen guten Start in den Tag und ins neue Jahr!

Nicht nur der Jahresbeginn ist ein neuer Anfang, auch jeder Morgen bietet die Chance, frisch zu starten! Beginne daher deinen Tag mit einem dieser drei leckeren und gesunden Gerichte, die einfach köstlich schmecken und voller guter Nährstoffe stecken. Sie sind eine tolle Abwechslung zu klassischem Toast und Kaffee und sorgen dafür, dass du dich bereits am Morgen frisch und energiegeladen fühlst. So kannst du alle Herausforderungen des Tages meistern!

Chia-Pudding mit Joghurt und Obst

ZUTATEN

Für 2 Portionen

7 EL Chiasamen
2 EL geschrotete Leinsamen
400 ml frische Hafermilch
2 TL Agavendicksaft
6 EL cremiger Joghurt oder
eine pflanzliche Alternative
1 Mango
1 EL Chiasamen als Garnitur

ZUBEREITUNG

Die Chiasamen, den Leinsamen, die Hafermilch und den Agavendicksaft in einer Schüssel gründlich verrühren. Abdecken und über Nacht im Kühlschrank quellen lassen.

Am Morgen den Chia-Pudding gut umrühren. Den Joghurt cremig rühren und als Schicht auf den Pudding geben.

Zum Schluss die Mango schälen, in Scheiben schneiden und auf den Joghurt legen. Noch ein paar Chiasamen darüberstreuen und genießen.

Einfach vorbereiten!
Damit es morgens schön entspannt ist, bereite diese Frühstücksideen ganz einfach am Abend vorher zu und gebe das frische Obst erst beim Servieren hinzu. So kann jeder Morgen zu einem kleinen Fest für die Sinne werden!

Joghurt mit Leinöl, Nüssen und Früchten

ZUTATEN

Für 2 Portionen

500 g Vollmilchjoghurt (oder einen pflanzliche Alternative)
2 EL Leinöl
2 EL gehackte Mandeln
2 EL gehackte Walnüsse
3 Orangen

Garnitur
2 TL Leinsamen
2 EL gehackte Mandeln
2 EL gehackte Walnüsse

ZUBEREITUNG

Den Joghurt gründlich mit dem Leinöl verrühren. Je 1 EL gehackte Mandeln und Walnüsse unter den Joghurt mischen. Das kannst du schon am Abend vorher machen.

Am Morgen die Orangen schälen, weiße oder harte Stellen entfernen und das Fruchtfleisch in Spalten schneiden.

Die Orangenspalten auf den Joghurt legen und mit Leinsamen sowie je 1 EL gehackte Mandeln und Walnüsse bestreuen.

Goldener Milchreis mit frischem Obst

ZUTATEN

Für 2 Portionen

100 g Milchreis
400 ml Milch (oder eine pflanzliche Alternative)
100 ml Wasser
½ TL Kurkuma
½ TL Zimt
½ TL Vanilleextrakt
1 Pr. Salz
½ Birne
¼ Apfel
4 – 5 Scheiben Banane
optional flüssiger Honig

ZUBEREITUNG

Am Vorabend den Milchreis in ein Sieb geben und mit kaltem Wasser abspülen, bis das Wasser klar bleibt.

Die Milch und das Wasser in einen großen Topf geben und erhitzen. Eine Prise Salz hinzufügen.

Sobald die Milch-Wasser-Mischung zu kochen beginnt, den Reis einrühren. Die Hitze reduzieren und den Reis bei niedriger Temperatur etwa 25 – 30 Minuten lang unter gelegentlichem Rühren köcheln lassen, bis er weich und cremig ist.

Wenn der Reis fast fertig ist, das Kurkuma, den Zimt und den Vanilleextrakt einrühren. Weiter köcheln lassen, bis die Gewürze gleichmäßig verteilt sind und der Reis eine goldene Farbe annimmt.

Am Morgen das Obst in Scheiben schneiden und auf dem Milchreis anrichten. Nach Belieben mit Honig beträufeln

Im Einklang mit der winterlichen Ruhe

Die winterliche Ruhe ist der Moment, in dem die Welt innehält und im Einklang mit sich selbst atmet.

Vogelfutter

Diese Vogelfutter-Anhänger sind hübsch verziert eine schöne Dekoration für den winterlichen Garten. Am wichtigsten aber: Sie sind eine willkommene Überlebenshilfe für viele gefiederte Freunde. Es gibt kaum etwas Schöneres, als am Fenster zu stehen und die Vögel zu beobachten, die sich begeistert über dein selbst zubereitetes Futter hermachen. Diese kleinen Momente der Ruhe und Besinnung erden dich und bringen einfach Freude in den Alltag.

ZUTATEN

250 g Pflanzenfett (z. B. Kokosfett) oder Rindertalg
200 g Vogelfuttermischung (Sonnenblumenkerne, Haferflocken, gehackte Nüsse, Rosinen)
1 EL Mehl
Kordel oder Band aus Naturmaterial
Förmchen nach Wunsch (z. B. Muffinförmchen oder kleine Tassen)
lange, dicke Nadel

ZUBEREITUNG

Das Fett in einem Topf langsam schmelzen lassen. Es darf nicht kochen!

Die Körner, die Nüsse und das Mehl in das geschmolzene Fett einrühren, bis alles gut vermengt ist.

Für die Förmchen-Variante die Masse in Muffinförmchen, Silikonformen oder kleine Tassen geben. Dabei vor dem Aushärten eine Kordel oder ein Band in die Masse hineindrücken. So kannst du die Futterstücke später aufhängen.

Für die Knödel-Variante sollte die Masse etwas abkühlen, aber noch formbar sein. Mit den Händen mehrere Kugeln formen, dabei die Knödel sehr fest pressen, damit sie gut zusammenhalten.

Die Förmchen oder Knödel für mehrere Stunden, am besten über Nacht, im Kühlschrank oder bei kalten Temperaturen draußen fest werden lassen.

Dann kannst du dein selbst gemachtes Vogelfutter aufhängen und dekorieren. Bei den Knödeln mit einer großen Nadel ein langes Band mittig hindurchziehen.

Tipp: Zusätzlich kleine Äpfelchen, Zapfen und Tannenzweige an das Band knoten – eine schöne, natürliche Futterstelle für die Vögel.

Eis-Windlicht

An kalten Wintertagen ist ein Eis-Windlicht die perfekte Möglichkeit, deinem Garten oder Eingangsbereich einen bezaubernden Glanz zu verleihen. Diese schönen Lichtobjekte schaffen nicht nur von außen eine magische Stimmung, sondern erfreuen auch das Auge aus dem warmen Wohnzimmer heraus. Es ist ein kleines Winterwunder, das jedoch nur bei kalten Temperaturen funktioniert – andernfalls schmilzt der Zauber schnell dahin.

Besonders hübsch sehen die Windlichter aus, wenn sie in Bäumen hängen oder auf der Veranda stehen und deinem Eingangsbereich einen einladenden Charme verleihen, vor allem wenn Gäste kommen.

MATERIAL

Für 1 Eislicht

1 großes Gefäß mit geraden Wänden
1 kleineres Gefäß mit geraden Wänden, Ø ca. 2 cm kleiner als das große Gefäß
Wasser
Blumen, Blätter oder Beeren für die Einlage
Sisalband
Teelicht oder LED-Licht

SO GEHT'S

Das größere Gefäß mit etwa 1 cm Wasser füllen und für ein paar Stunden in das Gefrierfach stellen.

Danach das kleinere Gefäß mittig auf den entstandenen Eisboden im größeren Gefäß stellen.

Kleine Blümchen, Blüten oder Früchte in den Zwischenraum zwischen den Gefäßwänden legen und mit Wasser auffüllen. Zum Schluss auf gegenüberliegenden Seiten das Sisalband in den Zwischenraum und stecken und vorsichtig mit Wäscheklammern fixieren.

Über Nacht in das Gefrierfach stellen, damit das Wasser gefriert.

Am nächsten Tag aus dem Gefrierfach nehmen und etwas heißes Wasser in das innere Gefäß geben. Das Gefäß vorsichtig aus der Eisform lösen.

Das größere Gefäß mit dem Eislicht erneut für ein paar Stunden in das Gefrierfach stellen.

Herausnehmen und kurz in einen Topf mit heißem Wasser stellen, um das große Gefäß abzulösen. Das Eislicht vorsichtig aus dem Gefäß stürzen.

Ein Teelicht oder ein LED-Licht in das Eis-Windlicht stellen. Im Freien dekorativ platzieren oder in einen Baum hängen.

Winterliche Zweige und Zapfen

Winterliche Zweige und Zapfen erzählen die Geschichten der Kälte, während frische Blumen das leise Erwachen der Natur flüstern.

Natürliche Deko mit Pflanzen

Auch in der kalten Jahreszeit musst du auf natürliche Dekoration mit Pflanzen nicht verzichten. Alte Töpfe oder Milchkannen vom Trödel passen wunderbar zum nostalgischen Charme unseres Zuhauses und dienen als zauberhafte Gefäße für winterliche Zweige.

Ich dekoriere die alten Gefäße gern kreativ mit kleinen oder größeren Kränzen. Einfach einen Kranz auf den Topf legen und einen schönen Zweig hineinstellen – so entsteht ganz schnell eine stilvolle Deko, die das Winter-Feeling perfekt einfängt. Mit größeren Zapfen und Zimtsternen kannst du den Topf rundum verschönern, sodass das Arrangement als Gesamtkomposition wirkt.

Diese wunderbare Kombination aus natürlichen Elementen und altmodischen Gefäßen bringt Lebendigkeit in den Winter und verhindert, dass die Deko kahl wirkt. Sie schafft eine tolle und einladende Atmosphäre, die Wärme und Charme vermittelt.

Hyazinthen, Glücksklee & Co.

Neues Jahr, neues Glück! Der Glücksklee wird häufig mit einem kleinen Schornsteinfeger oder Glücksschwein verziert und ist ein beliebtes Mitbringsel. Er soll als Glücksbringer den Beschenkten gute Wünsche überbringen.

Ich freue mich jedes Jahr über den Glücksklee, und damit ich noch länger etwas von dieser hübschen Pflanze habe, setze ich sie, wenn es etwas wärmer geworden ist, ins Beet oder in einen Topf nach draußen. Manchmal lege ich die hübschen vierteiligen Blätter auch zwischen zwei dicke Bücher und presse sie. Damit lassen sich individuelle Lesezeichen oder kleine Bilder gestalten.

Andere Pflanzen und Blumen sind bezaubernde Vorboten des Frühlings. So sehne ich zum Ende jeden Winters den frischen Blumenduft und die wunderschöne Farbenpracht von Hyazinthen und Tulpen herbei.

Tipp: Hast du mal keine Blumentöpfchen zur Hand, kannst du schnell aus Backpapier und Marmeladendeckeln eine Alternative basteln. Dazu ein genügend großes Stück Backpapier zerknautschen, um es weich und formbar zu machen. Dann das Papier auf dem Tisch wieder ausbreiten, mittig den Deckel eines Schraubglases platzieren und die Pflanze auf den Deckel stellen. Dann das Papier um den Topf herum hochziehen und mit einem hübschen Band zusammenbinden.

Aus kahlen Zweigen flüstert leise die Zeit:
Jetzt darf der Frühling kommen.

Über die Autorin

Bei uns ist eigentlich immer etwas los. Mit Kindern, Tieren und vielen kleinen Projekten bleibt es selten still. Und gerade weil der Alltag oft trubelig ist, wird es für uns immer wichtiger, bewusst Pausen zu schaffen. Inmitten all der Bewegung suchen wir immer wieder nach Momenten der Ruhe – Zeiten, in denen wir innehalten, zur Besinnung kommen und neue Kraft schöpfen.

Hier in unserem Zuhause, das nicht perfekt ist, aber lebendig, warm und mit der Zeit gewachsen, entstehen solche Momente oft ganz nebenbei: zwischen Hühnerstall und Ferienhaus, Gemüsebeet und Wohnzimmer.

Mein Mann Axel und ich gestalten gerne gemeinsam, entdecken Schönes im Alten und geben Dingen zweite Chancen. Manchmal entstehen aus genau solchen Augenblicken die besten Ideen. Kreativ zu sein bedeutet für mich nicht nur, mit den Händen etwas zu schaffen, sondern auch zur Ruhe zu kommen.

Ich liebe es, dieses Gefühl in meinen Büchern weiterzugeben. Bücher sind für mich kleine Anker im Alltag – man kann sie einfach aufschlagen, durchblättern und sich inspirieren lassen, ganz ohne gleich ins Internet abzutauchen.

Impressum

Autorin: Nicole Korte
Fotos & Styling: Nicole Korte
Verantwortlich: Helgrid van Impelen
Produktmanagement, Lektorat und Korrektorat: ZweiKonzept GbR, Britta Sopp und Tina Bungeroth
Satz: Silke Schüler
Umschlaggestaltung: Ramona Wimmer
Repro: LUDWIG:media
Herstellung: Elke Mader
Printed in Slowenia by Florjancic Tisk

Unser komplettes Programm finden Sie unter

www.christophorus-verlag.de

★★★★★

Sind Sie mit diesem Titel zufrieden? Dann würden wir uns über Ihre Weiterempfehlung freuen. Erzählen Sie es im Freundeskreis, berichten Sie Ihrem Buchhändler oder bewerten Sie bei Onlinekauf. Und wenn Sie Kritik, Korrekturen, Aktualisierungen haben, freuen wir uns über Ihre Nachricht an: Christophorus Verlag, Postfach 40 02 09, D-80702 München oder per E-Mail an lektorat@verlagshaus.de

Die Deutsche Nationalbibliothek verzeichnet diese Publikation in der Deutschen Nationalbibliografie; detaillierte bibliografische Daten sind im Internet über www.dnb.de abrufbar.

Bildnachweis: Illustrationen von Shutterstock: Vorsatz, S. 2, 141, Nachsatz: Trito_koz; S. 28, 79: Mulki Ramadan; S. 30: YASMIN301; S. 34: Line addict; S. 38, 106: Janina Nosova; S. 40, 122: SREE SADHIN CHANDRO; S. 44, 88: Alena Anisimova; S. 46: One Time; S. 48: Valenty; S. 52, 64, 133: Dancepol; S. 90, 92: dhtgip; S. 108: Olga Rai; S. 116: Haali; S. 118: LuTer999; S. 120: faith_design; S. 130: anna_ku; alle anderen: Keya

ISBN: 978-3-8388-3995-0

Ebenfalls erhältlich ...

ISBN 978-3-8388-3972-1

ISBN 978-3-8388-3938-7

ISBN 978-3-8388-3885-4

ISBN 978-3-8388-3947-9